吉城　著

《魯學齋日記》（外二種）第三册

國家圖書館出版社

第三冊目錄

《魯學居日記》

辛丑（一九〇一年）光緒二十七年

《壬寅日記》

壬寅（一九〇二年）光緒二十八年

素龕日記

光緒二十二季

又廿三年

又廿四年

丙申十月

十九日庚辰　烏乎吾父棄予竟六十日矣此六十日中僅夢見吾父者三　吾父之不憐予與予之精誠不足以至也　一夢吾父殁而復生予跪侍父語予曰毋傷老之　一夢父殁後[illegible]　一夢父挈予游郊外偕憩于野肆肆人以目鏡加予予愠甚回睇吾父父若語此不足怒且怡怡然若有喜色者

八月之初吾父戒予曰書不可不讀要以顧大局為主自今思之吾父一昔之言其即為小子終身之誨矣痛哉

吾父生平愛讀論語易簀前數夕猶命爾城進讀一章　一章為子路問政子曰先之勞之請益曰無倦

古所謂忌日者非必周年而又值某月某日臨忌之也周六十日復遇其干支即為忌俞氏樾曾有此說並引三老碑為證是也

曲禮曰居喪未葬讀喪禮既葬讀祭禮孫希旦作集解謂此乃不宜豫習故喪葬之

禮亦居喪乃讀之今按讀非正誦之謂乃紬繹之謂毛傳讀抽也說文作籀讀書也史記紬史記石室金匱之書如淳注紬謂抽徹舊書故事而次述之此讀喪禮讀祭禮讀樂章之讀字亦當作紬繹解不然喪禮祭禮或不宜豫習此豈樂章亦必[專]待除喪之人而始可誦讀乎鄭君注爲禮專指其時是也鄭固以經之讀訓爲之禮不作誦讀解矣

二十日辛巳　讀禮記檀弓篇檀弓推別錄屬通論今按記喪禮爲多似當屬喪禮　檀弓不知何人所作是子游所作譯誤紬繹之當是齊魯間學者記述　昔者子之先君子喪出母甘氏被說見梁公羈施氏生九女無子喪出母當指孔子喪施氏其說是也此說可取

二十一日壬午　讀儀禮喪服吳氏廷華云古禮之行于今者唯此篇蓋聖人折中乎天理人情之至以爲王者教孝之要法學者最宜詳審不徒丹黃占畢而已也

喪服傳文法與穀梁極相似信爲子夏作

斬衰章傳曰父至尊也天子至尊也夫至尊也此實著所以三綱之大

楊君武文遞來手書擇櫕殯之期為丙申庚子甲辰壬申 烏乎先靈將自此遠矣小子

何心尚忍言哉

二十二日癸未 讀士喪禮上下二篇

二十三日甲申 讀士虞禮虞安也虞祭所以安神也其祝辭有曰適爾皇祖某

甫尚饗 適靈祭格即此適字

二十四日乙酉 爾雅釋親與儀礼喪服相應爾雅周公作子夏附益正猶喪服周

公作子夏為●傳也爾雅姑之子為甥舅之子為甥妻之昆弟為甥姊妹之夫為甥此

四稱今未聞竊謂姑之子舅之子在礼為外兄弟內兄弟斷無甥稱此文下二句當是

為上二句作注蓋言姑之子亦甥之舅甥之也甥者妻之昆弟也舅之子亦甥之姑夫

甥之也姊夫者何姊妹之夫也據此則姊夫於甥之子何足甥稱甥之子於姊夫亦何名甥稱也

爾雅謂我舅者吾謂之甥正以甥舅之稱不獨出舅之於外甥也

二十五日丙戌 讀儀禮喪服聖人作易與春秋皆以日月為周喪服之制日積為月月積為年由是而期焉由是而再朞焉斬至三年三而改也

近世居喪用七七之例不知誰始竊謂當自喪禮之復推而行之也易曰七日來復殆由始死之復廣為七日之復由七日之復廣為七七四十九日之復盡七七而啟殯則於禮所謂士踰月而葬者亦有合焉此識其於禮者之禮也

國朝定周月初祭百日奠獻之制百日者喪更一時也

二十六日丁亥 儀禮十七篇次敘今依劉向別錄引（鄭目錄）據劉所定次敘必儀禮原本之次序也周公制作實祖羲易孔子說卦云帝出乎震震為長子二十而冠成人之道也說

又夫下云一以象先夫从大一天从一大夫也天也士也帝也故首為士冠禮齊乎巽巽為
長女妻者齊也故士昏禮次之相見乎離離也者明也萬物皆相見故士相見禮次之
致役乎坤致役者致養也故鄉飲鄉射次之（射亦養禮孟子曰庠者養也序者射也）無禮之射則由鄉
飲鄉射而大之者也說言乎兑兑為朋友講習且生聘問之義焉故聘禮次之公食大夫之禮
則聘禮之下篇也戰乎乾乾為天子位於西北西方秋也諸侯見天子春曰朝秋曰覲故覲
禮次之●●●●（士虞）勞乎坎坎正北方之卦萬物之所歸也人死正北首鬼者歸也故
士喪禮喪服既夕次之成言乎艮艮萬物之所成終而成始也（艮為宗廟）喪禮屬凶祭禮屬
吉也終而吉始故特牲饋食少牢饋食有司徹次之又震為長子主器主祭器
也特牲饋食諸禮而後又震為士冠禮矣
二十七日戊子　孫師云天球之南北乃上下也兩極終古不通人皆倚附於四旁謹按斯理

極精說文人从彖爲偏立之形即其義也　喪禮有所謂重者今無其制庶夫云重壹於人始死之際必置一錫器於棺旁實以米飯之等此即重所懸之物與

讀禮記檀弓有殯聞遠兄弟之喪雖緦必往非兄弟雖鄰不往據此則家之殯宮惟兄弟之喪始得出門往弔乃其下文又云所識其兄弟不同居者皆弔疏家以爲此或與上文不相蒙蓋別出一記也今按此與上文正相蒙記意蓋謂有殯不得出門弔喪然果所識之友而其喪則欲弔焉禮不宜不弔又於情不忍則爲其不同居之兄而往弔可也（曾子問相識有喪服可以與於祭乎亦以相識爲續）此文當以所識二字爲讀其兄弟不同居者皆弔爲句其字指上之殯者言皆字謂凡不同居之兄弟皆可往弔也若同居則期功之兄弟亦不得出門弔喪

二十八日己丑

二十九日庚寅　喪服是一家之學漢夏侯勝善說禮服蕭望之以禮服授皇太子其所謂服即喪服也隋志于禮類有喪服一種則六朝經師猶傳授未絕　蕭望之傳又云從夏侯勝問論語禮服　望之為魯論大宗則喪服之專學也　傳者子夏所作要旨

常熟吳卓信頊儒著喪服經傳約一篇簡要精通禮家必讀之書

三十日辛卯　曾子問昏禮既納幣有吉日章云壻已葬壻之伯父致命女氏曰某之子有父母之喪不得嗣為兄弟使某致命女氏許諾而弗敢嫁禮也壻免喪女之父母使人請而壻弗取而后嫁之禮也　女之父母死壻亦如之　鄭注致命云必致命者不敢以累年之喪使人失嘉會之時孔疏誤會鄭意因以弗敢嫁而后嫁而嫁字為別嫁不知婿既遇喪之免而男必別娶女必別嫁寧有此理鄭君不敢以累年之喪云云者正釋致命之義致命者蓋謂前已有吉日因遇喪而不能行親迎之禮告改除為吉日則惟吾子之命是聽　鄭注嘉會之時即是重為吉日也　於昏禮即為請期女氏許諾

者昏礼请期女氏必辞而仍听命于壻家今则壻遭丧辞焉据丧曰兹因丧辞则是以凶礼受

人敢早许诺后许诺而终不敢言嫁则以壻未除丧不可以嘉礼也至免丧之后则女氏

使人请之请云者犹昏礼请期所请对曰某（为父名）既前受命矣唯命是听之意壻弗取者郑君之言欤

也而后嫁之也嫁之由女氏犹昏礼请期所请不许甚敬不告期曰某日之意（彼文是壻家使者对 此当易为女氏）

万氏斯大谓壻弗取为不亲迎其说极是曾子问此下数节皆论昏而遭丧之事如云除丧

则不复昏礼乎据昏礼名昏阳下阴也谓亲迎也除丧不复昏正谓除丧不复亲迎有来嫁

而身往焉而为之又弗取而后嫁之之确证又云嫁女之家三夜不息烛思相离也取妇之家三日

不举乐思嗣亲也三月而庙见称来妇也择日而祭于祢成妇之义也俗家但知下二句

为鼓吹设不知上二句又遇除丧以后嫁取之礼不据礼属嘉会其亲见喜而忽作不祥

之想先王之制转为颠倒且不息烛不举乐明是凶礼（士丧礼宵为燎于中庭 据下云昼日不烛）又士昏礼云

若不親迎則婦入三月然後婿見與女三月廟見稱來婦互相發明此尤可爲姊敵而虛

嫁之之不嫁嫁 不息燭鄭注親骨肉也不舉樂鄭注重世叙也據鄭意謂女適人而嗣於先故則信覺之之又 女之可親思母之例此指親後矣鄭君以言權爲可據

伯聲云曾子問一篇多言此禮之變不息燭不舉樂如是信言嫁要通制則不應

輯記於此也

周禮於書師酉 鄭或爲萬杜子春云萬讀爲鄭 禮記曾子問凡殤與無後者祭於宗子之家

當室之白

說文醫治病工也殹惡姿也醫之性然得酒而使故從酉王育說治病工書者指此說解多

不憭今據醫家汝歸疆醫駒證之下疑病酒也醫爲治病工當是治酒病之工治

酒病必用惡姿之人者蓋猶欺頭逐疫說見欺字下驚而使之醒也性有生也醫之之性然得

醫工生之惡姿也得酒而使治人得治病而使之惡姿之工以治之也蓋三代以上多

無歷於儒林道之而爲絕之飲必至推醉之必至推醒之斯病矣因病而召醫許書之次敘於

事理之先後然也醫爲治酒病者之專稱後例凡治病者不名爲醫耳

說文金部銘鐸鐘二篆相次銘下云鬚也鐘下云伐擊也 鏸 段云印依葢字之正者

說文言部諫云餔旋促也 讗 數相怒也从言舊聲讀若畫

又走部趯趯也 古印依所謂乃發打趯之趯字

十一月

初一日壬辰　寫上元一稟特告啟期　喪大記疾病有廢牀之文注謂置病者

者於地以臨生在地庶其生氣復反今按以病困之體而置之於地甚速之亡也此廢

字當讀如左傳廢六關之廢之者設也士喪禮所云設牀也云廢牀正與禮應

蓋疾病將絕必預設一牀於正寢下文云既死遷尸於牀即遷於此所設之牀耳

又子大夫公子衆士食粥納財朝一溢米莫一溢米注財穀也今據納財以下十字一句讀

財者僅也猶食粥之所納朝僅一溢米莫僅一溢米也

初二日癸巳

初三日甲午

初四日乙未

初五日丙申　辰初啟纜乘何四船東風行六十里

初六日丁酉　東風行九十餘里泊邵伯鎮　讀禮記上篇士喪禮與天子同者三其終夜燎及乘人專道而行

初七日戊戌　東北風大霧自曉至午始散　讀禮記下篇　卒哭成事祔皆大牢　卒哭稱之殯事　晚泊馬棚　祖者且也祖訓始且亦訓始　喪服小記從練而葬則遂之葬遂理終三年也

初八日己亥　東風早有霧　上午過仙女鎮　下午過六閘　晚抵揚州徐凝門

讀喪大記

初九日庚子　早●●●●至磚街詣二哥所商量一切二哥到船謁靈

上午由揚開行晚泊瓜州

初十日辛丑　早渡江泊金山河

說文哭从獄省聲 不必疑笑之上體 當為廿口部嗌之籀文𦥔 云上象口下象頸脈理也 笑上作廿正象口也 其下當从夭聲 漢書有壹芺字 此乃从夭字之正體也

昨夕徐淵民居失慎 夜半夢父諭曰 窮人遭厄可憐 宜亟以恤之 覺後語猶在耳 時已開舟過江 因遣王司僕至徐姓撫尤周急

宿金山河鎮 二哥度江來 說文可部 哥 古文以為歌字 按今人呼兄為哥哥者 兄弟之稱 如兄弟二字之本義 兄者況也 況曰言也 況語增益 增益者長也（古長字无平去之別 長短即長幼） 歌詠之訓 詠為永言 永言者長言也 後則以哥詠之哥為哥弟之哥（从今） 正如以兄益之兄為兄弟之兄 皆从永之長義而引申之者也 夜微雨

十一日壬寅 早雨未已 至夕西北風作 雨少止 以無雨具 未能上岸

讀鄧位西禮經通論 其以儀礼十七篇當用大戴之次序 謂足合於禮運冠昏喪祭射鄉朝

騁辯不過色士相見一類，不若事前說之爲安也。邵王云子游傳禮，荀卿書云仲尼子游爲

茲厚於後世，以子游与仲尼並稱，荀卿隆禮之學，似由子游來。然其後文又並舉仲尼子弓，子

弓不知誰氏。意者檀弓爲人善於爲禮或者，即子游之門人，檀其氏而弓其字，与不可得而考

矣。以上邵説 今按邵氏此難極合理，竊謂檀弓即子游之別字

於之者旌旗之游[塗]与稱，蓋弓之名於字，檀弓義正相應，荀書之不可

稱子弓。禮記檀弓先子游，又稱子游問諸孔子，荀卿書以仲尼子游並舉，後又稱仲尼子弓，是

惟子游子弓正是一人，故兩字不能離舉也。

二十二 下午渡江來

廿三日 癸卯 講君武文細叩一切 晚仍回船 山東王承君俊到船看視上所也

步

十三日甲辰（此下數日皆十二月初八日補記）

黎明開船由金山河移至三擺渡。王承俊偕鄉人十名來挽柩登岸。新塋在鎮江西南鄉王家嶂山灣（地近龍興家）。山去城約二十里，去王承俊家約四里許。與二兄哭扶到山時巳午正，申初請柩登位。是日日光不甚晴朗，屆申刻雲開日見，太陽照正向冢，人咸謂曰宜。楊文君式陳翁耀如皆到山審視一切，據云今年權用坤艮向浮攢，明年利用丁癸向安葬。

此山祖脉為常山枝，土人呼為嶂山，或即長山音轉，當讀如長一身有半之長山也。坐為龍北向，龍之隆起綿亘數峰即長山也，界為坐山之枕。背面為龍之諸峰迤邐左旋，逶迤平衍而為坐山之對面，術家所謂青龍帶案者是也。案山自左而右迤邐迤邐，仍若有回顧主峰之意。案山而外，左角有五峰團聚者為五州山右角名表峰，遠立者為侯秀山，此兩山為案外護山，能收丁癸向之方，得形勢之正也。

是日因日安未能傳土。宿王承俊家，承俊有兄名承紀，其人較承俊為朴誠。

十四日乙巳，雨。午刻雨稍小，急屬王承紀偕鄉人蔡玉攢柩，日晡始畢工，用土甓約二百餘方。承紀精匠事，而無靈幄障漏也。昨夜三更後聞雨聲，心忡忡，惟恐柩之暴露。今午冒雨竣事，蓋先靈實式憑之。夜夢彷彿左山見對面案山雨外，只一帆與一牛，關驚而醒。

十五日丙午，雨。吾鄉例用葬之三日行復三禮，蓋當古之虞祭矣。敬治酒飯豚魚蔬素香燭，昭玉等詣山哭奠。烏乎！聽吾親而不聞，攀吾親而不見，呼天搶地，身不能贖，哀哉痛哉！

十六日雨上城偕二兄走謝君之 大風行經江邊幾為風吹倒 寓春來茶樓

上寒風刺人

十七日冬至 冷不可當 夜買君臺舊被

十八日二兄邀王某醫來為我診 云是春時感冒用疏解服一帖稍愈

十九日隨二兄坐課船到揚州 暫宿同康和店 店中只黃行之同是江西人與談甚有致

二十日

二十一日 晤盧埜卿 新自湘南岳州歸 明年館天津楊家也

二十二日

二十三日 攤坐河舟回东而河舟走鎮北 晨貨久久不至

二十四日　二兄約出北門謁史公祠　撫款一聯云一生大節出師表　再世孤忠正氣歌　即瞻
師生另同來一聯大意

二十五日　又黃寒整隨身服用諸物皆在伊舟為此主事掣不得附他船同來殊可憫也　程蘭文來看弟病

二十六日　病愈　同舟適來

二十七日　同舟因拆河墩未能即開　余亦未上船

二十八日　今日為吾父百日靈柩羈外不得躬親祭祀罪莫大焉　午刻別

二兄上船行十數里　同舟者為蔡幼農

二十九日　雨不能行

十二月建辛丑

初一日辛酉 行過仙女廟

初二日 西風[illegible]行百許里

初三日

初四日

初五日 午前到家 走謝戚友

初六日 雪 孫師命至精舍午飯 晚香白以吟諸老 寫大字寄二兄

初七日 又寫一字寄二兄 託買荀子集解

初八日 補寫以上數日日記 戴生楊生各來久談

初九日 與三兄合為孫師作壽 邀秀白飲饌 諸君為陪 連日陰雨

初十日 仍雨 寄上君武丈稟

十一日 仍雨

十二日 孫師壽辰，早往叩祝 師言自京遞來手畢，云明年擬為美國之行，尚未定計

禹言來，示我益梧師《荀子集解》，先睹為快。按其序例，要以王、郝、俞三家說為宗，其餘儒先詮釋

實所采擬，小為之未備之憾。他日擬通讀一過，即年來管窺所及者，錄寄湖南以求我師削正也

君武丈遞來跋沈之手書，其意謂我輩將來不能之宗手列，仍宜多造他山

十三日 寄上二兄稟，啟並附陳英洋十圓 星南過我，以《種蕉館詩集》二冊見賜，詩為丹

徒鄭厚菴藝簃，厚庵為立齋先生家嗣，予立齋以雜詩稿李御侍（見丹徒縣志文苑），惜未見其

遺集，諒已刻之，可覘其家學矣 伯聲回興化

十四日 午後往晤小蘭以舊藏漢沙南侯獲碑揭本為報 暢話至夕 碑云侯獲字伯尊 尊與獲名字相應 今人多釋為獲仍舊小誤

十五日 改橘生四首

十六日 寫扇面二頁五張 改戴生父六首 筆硯皆凍

十七日 閱荀子集解

十八日 閱荀子集解非相非十二子篇 中有郭嵩燾郭慶藩說

煥年來假史記集解二冊

十九日 子香老招陪孫師 坐定同飲香醪 諸君者云曾以集稿湖南寶善書局可單賣

晚寫扇面二頁一張

二十日 母親壽辰 三兄午至 三兄近習易筋經外功 [illegible]

二十一日 閲荀子集解

二十二日 讀邵位西礼經通論 毛詩左傳逸書逸禮皆劉歆偽為 近南海康氏有所著新學偽經攷其說未必不本於位西也

二十三日 檀弓即子游其所記皆喪禮 因捃摭檀弓補注

二十四日 以下數日皆捃摭檀弓補注

二十五日

二十六日 二兄爲予買荀集解自鄞庽遞來

二十七日 還荀集解與弟言

二十八日 雪

二十九日 雨

三十日庚寅風雪

光緒二十三年歲在丁酉

正月建壬寅

撰檀弓補注越三旬而艸藁成蓋未一日輟也

初十日庚子祀孔子命榮宗入學

二月建癸卯

初一日庚申　重録檀弓稿有疑義就正於白石禹言兩君者為多

讀穀梁傳正徵檀弓者不下數十處

初二日辛酉　禹言吟伯過我茗話竟夕　吟謂古先民文字乃有語言其法種種確甚黃帝雖正名以印文字無以名則無以為言語矣予為引其說曰未有文字以前言語積於推衍者既有文字以後聲音雖微為言語

二哥自揚州回

初三日　讀梁卓如學校議

初四日　檀弓丟帝嘗以就以宅為言謂之宅猶是宮室通段今讀說文而得宮之通用之原字說文宀部之後別之宮部　其部所屬僅一營字宮者公也營者私也倉頡

作字自營為厶，背厶為公（本書厶字下引韓非說）。許君別于宮部特系其字於下，所以明一公一私之大

義也。數案：而言公宮，則為宮室殿字，自妻子也。而（宮公通用，論語入公門，說入宮門也。又五刑有宮刑，宮者絶去其私也，正取公背厶之義）

初五日雨　讀楚辭天問：地方九則，何以墳之（王逸注墳，分也），謂九州之地凡有九品，禹何以能

分別之乎。按王逸訓墳為分，是也。左氏昭十二年傳：是能讀三墳五典八索九丘。三墳當即三分（是古固以三分之說）

書（書曰分土惟三）母日厥土惟白壤又既敷，詩疏云三分天下，召其土之墳即其書也。典，則也。五典當即禹貢之青壤

赤壤黃壤白壤黑壤，屈曰九則，注其田言；左曰五典，注其壤言。八索，索數聲近，八索即爾雅

之八荒，九丘即爾雅之九丘。之四者皆古地志也。郤樵王說倚相能讀，而子革特舉

穆王周行天下，倚相不知祈招之詩以為難。又詰之曰：若問遠焉，其焉能知之。正謂倚相能

讀古地志，而王識以內之事（馬融注祈招之祈，當作圻，千里是也）。然尚不知況此之遠者乎。漢儒說三墳五典

遠之言讀，上之未明，讀典丘索當作地志也

初十日 西溪書院甄别 老者安之 三句 按此節不若年春秋大義傳曰顏淵死子曰天喪予子路死子曰天祝予是春秋一書之主義為聖路絕道不行而作也如胡荀息天王錫命是也三言見諸

十一日 三賢書院甄别 多聞擇其善者而從之 三句 按此節不若年春秋大義春秋張三世聞見是也擇善而從者與道時也後二者與近詳也

十三日 前日伯聲來一緘，今答之 朋友信之 鄰省而肯依 仲尼不為已甚者 劉逌宜卿 不知命無以為君子也

十四日 孫師鄭老禹兄偕至論說竟夕、

十五日 讀大戴禮 王言篇自序而立補注引文王世子終則自牆 按論語面牆而立當作何面同 王言之言疑當訓為道

終老子即其自序之節而反言為譬耳

夏小正即夏之春秋也 知傳之不與公穀之傳春秋同 自中興之說合者尤多皆與今學家

書也

十六日 讀大戴禮

十七日 自下數日皆讀大戴禮

尚書黎民祖飢 蒙按祖即且也且者薦也且飢謂薦飢

讀夏小正因明穀梁惜例皆從此出 黃叔琳李調元謂子夏所作傳信矣 撰夏小正約義

從杏廬所假得黟程鴻詔夏小正集說 我

朝治是經者四十餘家 集說網羅甚備 程從俞理初學篇中俞說稱子俞子 此書刻於

同治十一年 據其後序云咸豐辛酉以存本呈曾文正 而版端曾文正有同治四年三月校於

金陵之語

二十日 晴 錦陰多雨 疏材騰貴

三月

初一日庚寅乃晴　禹言過我論學永夕

初二日　讀呂氏春秋孟春紀

初三日清明祀先

初四日　昨楊芷湘過我未見今往答候贈我丹徒謝湘谷集及經說叢鈔謝夕庭蘭其人蓋歸往宋學詩古文極饒雅趣經說排擊漢學至東吳惠氏高郵王氏之書尤痛加詆斥於書必宗偽孔於詩及四書必宗集傳集注不免門戶私見

初五日　戴生以文來即將改過兩首付去

初六日

初七日

初八日

初九日

初十日　以上三日皆在叢蘭精舍飲食陪居式丈也

十一日　兒項際小瘡已三年矣近頗覺痛與杜海帆看云係淋瘡無害

大女婿自京云　閱第一樓叢書易每日不倦

買經書奉秋連誦惠王之陵西陲出陵記如廁也

（原件此處遮蓋）

十五日 蘭丈作古

十六日 游岑自都門遞一札來

十九日戊申 撰夏小正約義既成為序曰盈天地間皆物也昔黃帝正名百物禹主名山川刑名從商爵名從周三王締造相續不敝孔子脩其緒而作春秋名曰正名而已矣驗果後十九年修文名不正則言不順言不順則事不成事不成則禮樂不興禮樂不興則刑罰不中禮為刑統名為禮統三代之禮三代之名也故曰我觀夏道得夏時我觀殷道得坤乾我觀周道舍前日邇夏時坤乾前史也一也坤乾不可知學者至今傳夏小正小正之正昔正乎正名而已知周公作爾雅爾雅即小正說詳小正篇題下自釋地以下特發凡曰皆為所以名則草木鳥獸何了故黃帝以來所名之迹春秋始於元年春王正月終於獲麟而不正實始於正月

經籍隋唐志俱作戴德撰。今本傳曰陽氣且睹。君子之於(?)其(?)荀子……。孔子以

夏時傳子夏。子夏授穀梁。小正傳為子夏作，故穀梁利者多。於是記時云

穀梁傳日月例，所以出也。至朝(?)……由將云者，例又穀梁禮所由源而出也。

穀梁……別……

五石六鷁之類不記，則王道不起矣。石鷁微也，而極以王道。此言石以四時記(?)

舜爾……目達聰，爾……遂……夫子語類(?)則為邦，首月有而復禮歸仁，蓋先視

聽目……一身……天下……記。雖……不當作石鷁之類……云期

命辭說也者……之大文，而王業之將……也哉。

詳……小正者四十條……。野程氏……說……入者……備矣。然……

實事（穀梁為春秋學史僅有之書傳無傳）精確禮據（亦鮮折衷）。蒙乃不揣固陋，依經畢證，為之古義，為我

穀梁[illegible]子，殊其孤微也。[illegible][illegible][illegible][illegible][illegible][illegible][illegible]（之）已詳（其），穫（孔）氏書中而定閱穀梁條例者

皆不復論於世，況元亦語取杜預而不速，義而不辨（之經），號自斷義訓。

二十日　從子湘許假黎刻古逸叢書論語、穀梁、爾雅三種，校讀一過。論語為正平本，其根據

在隋唐以上（阮文達所稱高麗本即此，亦為原本，與正平異同，漢土阮校勘記外者極多）。穀梁為宋紹熙本，即余仁仲本也（注疏何氏校本所見）

全本（僅有宣公以下，未窺全豹）。爾雅為宋蜀大字本，書末有將仕郎守國子四門博士李鶚書一行，李鶚即李

鍔，黎序以為後唐本蜀時命李鶚書者是也。穀梁已宜都楊守敬校札，論語、爾雅則

無。

二十一日　校畢。復假玉燭寶典、莊子注疏（日本見在書目）三種

四月小建乙巳　初四日立夏

初一日庚申　廛蔭老自泰州來暢述試事　馮石翁也

寐老爲予題扇云 繙○帶○嘉○簡○日○福○長○生○聽○松○風○御○香○一○佃○門○前○車○馬○過○先○知○

魯○逸○圭○羲○皇○　寐老殆自況也

玉燭寶典爲隋著作郎杜臺卿少山撰其書計十二卷按月一卷以月令爲主七經緯說

及小正吕覽淮南各家附之先以之校今行月令異文撰義觸目皆是

初四日校月令畢　从蔡雨老談韵学

初五日校夏小正杜氏引傳文甚夥然如攘突穴蔽莽糜之類足徵隋以前舊

本不差也惜無九月一篇

初七日雨後尋老寐閒話

初八日 玉燭寶典四月述佛生本末極詳 並云聞諸經內律即是長養生物之意 昨日老癖發取貝葉經一翻 若不識其字 楊恭甫云是印度文也 誦全經一過

初九日 還去日本書目玉燭寶典莊子疏 續取來文館詞林尚書釋音史記食貨志四種 寫壽伯蕃一緘便請二母舅代購碑傳集

十一日 二伯姑生忌詣西宅行禮

十二日 孫師假去公羊釋例三冊 改頌年課文 尤西堂文其為東周乎之一篇解題精確足補注疏所未及

十五日 文館詞林教類載李固祀胡母先生教一首 內述胡母生是春秋章句 此足補西漢藝文 還去釋名漢志二種 別假來公羊禮疏及恐進齋刻說文表種

十六日 西漢書完 縣課子田齋一撥兩章 撰周卷一 主春秋主論一 主禮主論

十七日 伯聲寄來文賦[illegible]首

十八日 連日陰雨[illegible] 讀公羊禮疏

十九日 從芷湘所假得洪北江集閱之 按其未刊書目有公穀古義二卷 惜不可復見矣

二十日 西溪齋課題 子曰道不行 合下二節 卒書一卷 閱梁章鉅楹聯叢話十二卷

廿一日 芷湘午後來

廿二日 點閱伯聲課作及會文三首 寄還之 讀曉讀書齋襍錄

廿三日 錄洪氏襍錄一百十則 其書前有自記云 余自絕域生還 或扃戶讀書 或授徒百里 皆日課讀書二卷 紀人事若干條 除病憊未嘗輟也 先正劬學如此 敢不勉諸

廿四日 閱鄭珍說文新附攷 說多與子伯更同名知所並其駁正鈕氏處皆審當

廿五日 閱新附攷

廿六日　二兄偕六弟赴金壇

廿七日　晴　舊藏書籍■■蘇慈張亞道璸杜法師唐邕伊闕佛龕諸碑一一裝成矣唐邕佛龕蘇慈三種則屬王叟裝也

廿八日　裝碑　晚讀漢書嚴朱吾丘諸人傳

廿九日　東方朔傳偭佻矯而諸侯憚據此穀梁家說也

五月大建丙午　二十二日夏至

初一日己丑　會稽趙之謙著補寰宇訪碑錄，頃晴軒去年自甬郵寄來鈔本一冊，今屬頃年錄之，其錄至隋而止，似非完書。篇中多已不著碑之所在者，蓋特寫專蔵也。　潘某來，為乞漢魏碑拓。潘名咸忠，兗州人

初二日庚寅　西溪書院課題：所謂立之斯立四句，賦得湘水無情弔豈知，得知字。按今日庚寅，詩題主弔屈，宜也。晚作一卷

初三日　早起，復寫一卷　閱說文校定本　寶應朱士端

初四日　閱吳玉搢說文引經攷　潘咸忠送來劉平國碑，云新疆初出土物，諦審之，其文曰龜茲左將軍劉平國，又永壽四年云云。按永壽為漢桓帝年號，史載永壽止三年，四年乃延熹元年。碑仍稱永壽[illegible]，蓋荒域未知改元也

初五日风雨　诵金经三遍　去年此时我父病起强行至书屋中坐须臾见庭前萑绿映

为解颜　今则景物犹是　音容绝矣　痛哉

初六日　校看济宁学宫诸汉碑　尉氏令郑季宣碑目最阙蚀

还芷湘公羊礼疏三本　史略一本　借取来赵进斋书三本　合前共十五本　古佚丛书为本之

馆的林二两来　赵也　芷湘以唐赋刻样册本属校　戴生来问之

初七日　写一函至子佩处　改昨草稿作四首

初八日　为芷湘校唐赋选本　此为通赋之云曾莫蕙若蕙若属是带若之暖■■

蕙若即带若　见西京赋

初九日　唐赋册本校过　还芷湘　阅其所藏江宁新拓诸碑　皆唐以后物　玉法师补

道一种大字极佳　余良若杂出不足为贵也　谢楼去来看旧不得赎之耳

武念伯來，晚談碑學。顧生幼蓮寄信來，云今年仍館姜瑜。

晚錄安吳論書第一。

初十日 寫答幼蓮一緘。還芷湘六丈書二冊，又還進書三冊。

十一日 鈔安吳論書畢。頃從寐老所假得康廣廈廣藝舟雙楫錄之，全書計六卷二十七篇，寐老乃手寫本也。

十二日 此下數日皆鈔書。

十六日 書院二齋課題："子曰能以禮讓"一節。按此節是穀梁惡隱公大義。讓出以禮，是經禮讓；讓知讓而不知禮，故曰如禮何。此節注當指讓字句說，言能以禮讓，則雖為國何有，乎字語助，不為義；不能以禮讓，則雖為國如禮何。即本此議作時文一首，別撰上文利字作一首。

二十日　錄廣藝舟雙楫畢　與安吳論書合裝一冊　康氏才氣動越　惟表章北碑而語亦矣　論執筆法及衛觀派別　實足補正包氏之失　於八分名義則未可信　別有按語附記于書後

二十一日　還書于蘇所　跋朱雲麻碑

二十二日　讀包氏康氏論書　所言執筆之道　仍不外乎虛掌實指而已　歐〻董蔡和尚顏之雜推記康氏皆嘗筆及康之所謂冷眼傍窺者矣

二十三日　鎮江科試丹徒入學者　祇有李木翁之子聲永　三弟及禹言子肖當一等　讀穀梁傳　義字道字正字兩篇即已揭出春秋大義　炳如日星矣

二十四日　讀論語先進篇。鄉黨專言禮，此篇兼記樂，以禮樂起，以禮樂結，中間諸賢言行皆禮樂之道也。由以剛失于和，故曰不得其死。由之瑟奚為於某之門，聞子知樂之意者聞之，如即是聞樂時之安。子樂之樂，若必說誠，行行侃侃，各言爾志，曾點舍瑟而作，語皆是韻，即是詩經樂章。夫子與點之與，在知樂也。

二十五日　讀周官

二十六日　三時書院課題人莫己知進之句。按此節文甚順，與下進之句是就夫子言。此三句則串，明本教與人之例，特着一人字以爲識別。乃後世庸俗往往必以朱子精義之語據爲繩準，甚至將經文已精據誤，此大不可也。作之叢

二十七日　從師老譚論，莫年之說，師極稱喜。讀周官

二十八日　筱湘過我閒話

二十九日　校子湘所鈔穆天子傳閱之　讀周官　求雨三日矣今早急雨一陣旋晴

三十日　校夏小正　校士禮居本　云所記韓本同與程鴻詔所校韓本有異

久不得雨昨小雨無益　一見指　字屬予書之題何　六月初五初六宜有雨

六月小建丁未　初八日小暑　十三日初伏　廿三日大暑

初一日己未　讀周官　校春秋繁露

初二日　讀中庸　春秋脩其祖廟云云　春秋指魯之春秋韓宣子所謂周禮者是也脩其祖廟四句當為春秋舊制　以下宗廟之禮云云　正釋周禮　蓋春秋者周公所作乎思推崇祖德原本周公與仲尼祖述堯舜云云　遙遙相映　此等學所自出信不虛也

初三日　讀古華　懷極兩篇

初四日　讀古華　莊周傳兩篇

初五日　讀古華　文賞賦哀郢宣哀七篇　獲麟之歲孔子年七十一　禹言昨晚過我

午前往候三兄未值　午後三兄過我　暢談金沙試事　丹陽拔貢為林彥功仲欽

初六日 西溪縣課李庚子同仲由兩年第三卷 孫師過我 雨

初七日 午前微雨 聞他處已得大雨 候禹言

初八日 收藏老所得讀曹娥刁遵皇甫驎三碑

初九日 讀中庸

病經數日

二十二日 三賢書院課 君子尊賢而容眾 子向李高兩卷

讀古文詞類纂小冊

三兒頒我桂未谷札樸 禹言假去後經解之一冊

二十六日 收禹言所假來飛鳧山莊補注讀 惜太少

七月大建戊申　初十立秋　二十六處暑

初一日戊子　溫檀弓

初三日改姪年課文五首

十一日　孫卿命作子思所自序一篇文以李杜大義統之孫卿留看伯春樹去

十六日　讀點先文舊題簽六月間過半直至日補點完畢　讀魯靈光殿賦振境稱孔武梁祠畫象是殿中物莫氏以為武氏者非也以史說就正窳老窳老亦為推善不因為詳辨物推今復見

二十日　接窳老所贈詩劉氏楠漢石例讀之

二十一日還穆天子傳于芷湘所　未晤

二十二日撰武梁祠堂畫象記一首

二十二日 三兒赴省往送之 以西蒙記稿就正窳丈
過芷湘所假閱馮氏金石索 其武梁祠畫象圖說較王氏萃編加詳 王說
義載以下諸象亦間引魯靈光賦以為證 惜維米(?)此石即殿刻也
又云所圖前後石室即孔門弟子七十五人 此則足為王說魯恭殿前
石刻之印證者 作一眼證 燈下補記之 再告窳老也
二十四日 過窳老 前稿已屬我改正稿來 批云千年精槧一日而卸
徵引詳博 碻鑿難移 又云知精思過人 鬼神亦皆未能 未見異
熟精過書
濤臥東來 因以元暨衛閑之鐘易彼延陵碑 [illegible] 及陳少章侯延陵碑
蘧停穿道之時 命取西陲為江南石刻 壁讀所系 尤可寶也

八月小建己酉　十一日白露　二十七日秋分

初一日戊午

撲嘉祥[illegible]×6西漢石壁畫記舊名武梁祠今正疏證約二萬言脫稿於寐志齋

并錄副　另錄唐廟呂廟矣

十八日甲辰　顯考忌日　誦金經十過　夜夢見諭云有珠在城雲昆

祖及伯祖所詒也

錄淮南畫鏡

讀呂覽序知高誘注本於盧君　推輯乃誤為月令盧氏義

錄王氏墨子禮志

南门外都天廟后樊家大山 墳主深如叟[illegible]址界石 徐志摩墓 又名壽椎壽壙 紅葉樹三株

九月大建庚戌 十三日寒露 廿八日霜降

初一日丁亥 錄墨子襍志畢

初四日 以淮南書請就正雨亭云根書學大有益 聞叔卿已從金陵歸 往謁未見

初五日 偕老霖散步月塘遇孫師及吟伯爲言叔師述文學于游夏徐實大雅卓犖不羣 吟老過我留飲劇談

初六日 睦三兄閱作之氣勢浩瀚所謂吞雲夢而芥蒂者矣

初十日 霖老吟伯相約爲論學之會 十日一●集各志所得以資以析 甚盛舉也

十三日 以書記疏證稿本就正星南

十四日 三贤小课 呦呦鹿鸣第三章 芙蓉镜下及第后 校一书 晚还饮老所

十五日 苕湖约同侪至为未时过西亭旅馆

十六日 西溪书院观风 三三通也三句 卅一书 雨老过谈 前日爰居杂县补萝萝意
就争蒸凤杂县华洞来 是杂县亦名乘风 尔雅曰有爰居凤鹤 则此爰居杂县皆鹤之合音
意秋彰泾 乘风一名爰居一名杂县 盖海鸟也 言为乘风之状 作止集上虞 以飨钟鼓乐以享 又邛
爰居之杂县转音也 然之雨老丞非思

十七日 读陶季集

廿一日 读吟白南胡 评诗因推李南拾袁炎谈以张之 仲勇自杭遣来书百九十四册

廿二日 通读中庸一遍 剿为公等所自为之经

十月小建辛亥　十二日立冬　廿七日小雪

孫師命為古賦擬爾雅三首　非頗費筆成之即呈師政評云博通經術淹貫史才　一語抵人千百

初一日丁巳　二日書院課題舟車所至人力所通一首　從湖老所見石印淵鑑類函

初五日　讀孫子吳子司馬法尉繚子　程雨老問音學　和卯初知楫見字錄

江西黃永年云讀書五要聖賢備言之矣　窮經逆志論世知人失一不可謂之通儒

十三日　三賢課三十兩五言四句撰二卷

二十日　錄月令高誘注畢

二十一日　讀董子其說率本中庸　擬為中庸衍學述

二十二日　讀中庸三遍

讀張揖上廣雅表云昔在周公六年制禮以著爾雅一篇以釋其言義揆則爾雅乃周公釋禮之書也擬爲禮雅以發明之

二兄自鎮寧寄來書三百五十二冊

十一月大建壬子　十四日大雪　廿八日冬至

初一日丙戌　讀胡氏儀禮正義　黄氏禮書通故

初七日　星南將往湖南爲序一首贈之　星南貽我灝亭文集

初八日　連日讀胡正義　　晚飯後作重脩東鄉土城東西閘疏

十四日　西溪齋課　登泰山而小天下　接魯東流水門言皆均民印錄贊也作一書以詔諸

為之

廿一日　齋課　人之有技　四句　據彦聖與之技對之彦　讀文　云美士之有文　人所言也　則彦

聖　爲人自道　是聖也　課下曰是以邦家之善美多自是以出

連日讀祀因叩其原非易　推是無難　讀易　近年爲學之法　蓋由諸説而來教

由粗而精由孔而易也

乾卦包禮十七篇，坤卦專言昏禮。履霜堅冰，即是霜降逆女、冰泮殺內之明證。鄭君
舊說信足徵也。

讀特牲饋食禮，乃知論語子夏問孝全主祭言。色難大矣哉，備見於祭義。千年

疑獄，一旦兩決，甚矣解經之難也。

從家君論彖家一字，知家本从豕，亦起於西北之義。

庚戌讀禮記，知家從豭省聲之說為不可
易，此論如也。

十二月小建癸丑

初一日丙辰　讀焦循易通釋、全鶴禮説

光緒二十四年歲在戊戌

正月大建甲寅

初一日乙酉　李審言於除夕前一日寄來王壬父莊子注二冊、朱茗生遺札一冊，並手書二帋，又定子作冊書三帋，外詩七首。

閱茗生遺札，皆與康廣夏論學之言，其糾正廣夏偽經考，極得其是。

讀王父莊子注，其書太略，惟以寓言、天下兩篇皆為莊子自序，所見甚[illegible]核。

初五日　昨以王父注未善，擬別為莊子閒詁，即用王父以篇第，先改寓言一篇，就竊萌正之。

十三日　又成天下一篇。莊子大旨是合儒墨道而一之，其議論多本於墨子。

十五日　墨子經上、說上讀之精微無匹，細思之，乃知經上一篇為夏禹正名之遺

說列墨子自箸以釋經者如此穀之於麥麩也爰作墨子經說句指

十六日為墨子經說句指序一首

十九日讀審言書謝去六甲五龍說

二十六日　張姑母沒壽八十有三前年猶扶病來哭吾父喪再期而亦棄世痛哉

二十八日丁書農師自上海來於蓑荷精舍出譚雨老是日五十生日

二哥前日往南

二月小 十三日驚蟄 二十八日春分

二兄信來云挂今日渡江 初一日乙卯

初十日亥刻雨雪至廿一日早始止 晚又雪

十二日●雪未已

揚州書院甄別 題子曰志於道一章 保思同會讀論語悔之者至此道之說也上章志於道以下皆日進去語十五已上為束脩君子亦至十五即志于學夫蓋亦志于学立而不惑耳據依和所而服所依仁從以所非不踰矩所游之執

廿日三廠書院甄別 左右皆日取之其路去之逑二蓋

溫漢書四冊 第八第九第十第十六 觀敘傳知班馬同為顓頊之後南正司天世掌史職亦一奇也

從白石所跋得楊汀鷺文集閱之其經術文章具有根柢以咸豐十一年佐黃巖縣莫府死粵匪之難其母先罵賊死汀鷺殉之也洪北江汪容甫而後無其繼矣

三月大　十五日清明　三十日穀雨

初一日甲申

芷湘精舍既成屬為楹語即用其家子雲自敘傳之云河汾之間岷山之陽曰郫

區宅世以為業深擬離騷善擬倉頡一纘一續論都賛當

翦裝龍門造像記二十種其中十種為舊藏十種新得也

錄訂舊文鈔正祭次序記

初五日　揚州人孫儒林挾書甚十百種來市其中如木犀軒叢書小學類編之等其有益於經學並勸芷湘留之　南清河蘇秉國醇字均撰周易通義廿二卷嘉慶戊寅刻本汪廷珍為序云其言象也一本之本經十翼參以洪範貞悔左氏內外傳之說其言理也一本之卦德卦象卦體本爻變爻應爻互爻

文字準乎故訓名物證以羣經章句審乎義理解義表諸類例蘇東園又有四書求是見劉氏論語正義先進篇引

王貫有江甯本玉海因以碎待集邵氏古逸書易得之校浙局書目玉海凡百冊

此止九十七冊殆因卷闕脫也癸巳筆記又云浙局買書曾得玉海校補摘記一冊

今不期而得玉海亦可云巧合矣

溫漢書八冊第一第四第七第十一第十三第十四第十五

從芷湘所假得諸寶甫舊學叢殘讀晚覽羣書會向儀禮禮服通釋閱

之

十五日錄今觀風無所推度物色予私謂諸人也堪而畫

閏三月 十五日立夏

初一日甲寅 伯聲寄書來云適之治漢書並索賦題因擬五餞三表係單于賦題若干

温漢書四冊 自第三、第四、第五、第六

初六日三賢課 題 子曰晏平仲 一章 擬同卷人

讀史記弟子傳云出孔氏古文者三十五人有年及受業 四十二人無之列古文所存者名字而已 王氏引之書為春秋名字解詁 擬寫出之續補其闕為孔子弟子名字[illegible]經義述云

十六日雨溫甄別 子曰里仁為美 一章 采旗風曉看春耕 以春看耕而補不足為韻

寄東杜勛語 專如經如王工生何如寄試帖 擬函書

廣楚卿中進士讀書人固當蓋耐寒行天豈其負之耶

歐陽文忠詩鈔答謝景山遺古瓦硯歌大略似永叔祭

讀顧復初春秋大事表

二十七日撰論語弟子名字古義述脫稿[illegible]

二十九日改炷年課文四首

四月大建丁巳　初二日小滿　十八日芒種

初一日癸未

通讀說文解字音均表一過

十一日三賢小課 大輪車賦 以輕先疾雷而馭遺風為韵 雅事事乃言君備君備之策

律文炫仍櫻筍廚以廚字韻三首

江甯傳若星 春官 撰之金陵建置沿革表 昨僧芷湘過我即館我一冊

廿三日 二兒自鎮江回　由蘇局買來讀禮通考卅二冊

五月大建戊午　初三夏至

初八日癸丑

三兄偕六弟往金壇縣試

讀吳野人陋軒集一過，若生適以過安豐弔吳野人詩冊索和，因依韻和之云：不治生產砭寒貧，不屈公卿鄭子真。海上至今餘老屋，史家應為錄遺民。一篇落葉詩知和，三月淮橋和角春。故國君平洄潮，紫薹花冷白鷗馴。

從雨老所假得戴東原氏方言疏證閱之，據戴氏此書之不甚精詳，閱廣雅書局呂方言箋疏，託若生為余請錄。

連日與若生論學，其推名家門徑，皆能洞達，年少志大，最友也，惜

家省城不能常講習為恨

聞六弟入學慰甚同輩弟兄六人多是既就祖宗之澤極深矣

從前湘所餘嚴可均說文校議閱之

六月小建己未

初一日癸未

嚴可均校議末了說文句四十六科皆云所以爲不可通者予因作說文對

二十日壬寅 二十一日爲歐陽文忠生日 芸生擬集其朋所吟佰首偈爲詩 芸生廣和之予

亦擬爲四絕句

爲六弟擬答仲瑜一篇

以佰元購一切經音義閱之 芸生云近日市易八十冊之一切經音義

七月大建庚申

初一日壬子

芸生贈我所刊詩補遺二冊，將歸矣，因為序一首以贈之

吟伯以七月七日為南唐後主生日徵詩，予疎於史，因即以徐鉉文中涉國聞者為四絕句以應之

從禹言所假阮福孝經義疏補讀一過

劉寶楠論語正義前點讀一冊，今補點一過

讀鍾祖芬穀梁補注

奉母往興化

二兄昨月杪歸

王士禛居易錄八云兩漢刊誤補遺十卷宋河南吳仁傑斗南著蓋因劉仲原父攽貢父刊誤而拾補糾正之者臨川人曾繹淳熙己亥序稱其的當精確如目擊東西都事者周益公子充遺人書曰吳斗南博物洽聞今之[illegible]也

八月

初一日壬午

奉母自興化歸

審言以書至，適余生往鹽城，便寄一緘

讀日知錄

讀鍾氏穀梁補注畢

九月大　初一日辛亥　初九霜降　廿四立冬

母親病濕温　十四日乃解　二十一日乃復初

是月未讀書

十月小建癸亥　　初九日小雪　廿四大雪

初一日辛巳

先公靈柩敬卜于二十二日壬寅升葬西庫山村雙珠山枝曾祖塋內

初六日隨同大兄二兄由東臺啟行　伯考蔚公柩亦卜于本月十五日升葬曾祖塋內

初九日辰刻抵鎮江　住老新街長興客寓

初十日往候日存陳耀如其人住打索街　其間壁為金公發石師老店即屬金翁刻墓碑二石

十三日二兄至西庫村　大兄至畫字橋　畫字橋者祖考塋即伯考居地也

十四日大兄送伯考柩至雙珠山　是日督匠破土土色光潤而質完厚

十五日安葬伯考柩用石灰和土細填縫築

十六日　十七日　十八日　此數日　趕造蔚公墳壙

十九日二兄先至西庫村

二十日黎明至王家嶂山先公厝地告靈啟柩自嶂山至雙珠山約二十里因十八日大雨恐山徑有滑變改由平路多行五六里日夕柩始到山是日二兄親視破土

二十一日定穴開地初攢先公與伯考平列兩壙後以曾祖壙右有北元公厝柩謀下差尺盖肩讓伯考云

二十二日壬寅依禮安葬烏虖痛哉奉土加封小子尚忍有言哉

二十三日二酉日趕造墳壙壹如伯考儀

二十九日兩壙成曾祖壙加土墊前補土攔泄等事又費日始畢工

十一月建甲子

初一日庚戌　初七日顯考生忌五弟在家攝祭　連日暑風未能報返私心自疚如負荊棘

初十日隨同大兄西顧豈门　二兄先一日回揚州有經手事

十三日初更到家

十四日清晨祀祖

十五日除服

二十日二兄到家

寫霧傳若生李審言汪雲逵各一緘

十二月小建乙丑　初九日大寒　二十四日立春

初一日庚辰

二十日散學

讀顏風碑

讀鄭所南心史

閱中興名臣事畧

魯學居日記

光緒二十五年

己亥

光緒二十五年歲次己亥

正月大建丙寅

初一日己酉雨 承水研墨發筆書端得新意矣

從星南所假得新化鄒叔績遺書觀其讀書偶識一種其自叙云予結髮就傅讀一書輒置書盈案資其左驗必旁通曲證有得于心然後釋乃復性多遺忘昔日所得有尋思數日而不復憶者于是謄之篇簡裒然成卷非敢云著述亦非藉以求知于人但記此心之得失爾所見必己出諸己理不阿于人雖見書未廣容有闇同者交士未多容有適合者亦唯自信止勤龍髮馬亦破此旨人之訓故必求唐旨之訓故方敢用逮箋傳之事證必

兩漢前之事證方敢從其私心自告無遺者也惟願天下藏書之家好學

深思之士敬之論之資之書使播繹之則其生之大幸也

初二日　讀鄒辨子書

初三日　讀鄒州子書　從兩臣所段得農學報廿冊閱一過

初四日　孫仰雨石子眉雨亭禹言同至上上襄蔚舍茗談

初五日　周禮所稱六藝今之士多不講禮樂近道射御違用書若數

因又為彼學所抑屢今言六藝迂矣然予謂六者之名不必泥而其

實則未能舍也古之所謂經也史也皆歸之曲禮樂也詩則存今

之所為詩者知其古之所為詩然詠歌皆樂之志也射御所以正體而

勤手足其操也爾其行也遂然則吾輩日程凡誦習經典者覽
史籍該諸往古咏歎其喜是曰禮樂不必其帛玉而鼓鐘也凡起
作洒埽服勞奔走應而從之言行出納是曰射御不必弓矢
而鞭轡也至於說文爾雅備詳字原運籌點筆辨通數
理本吾取物甚煩遠求保氏之教蓋無不然具在亦罹殆可
見也受業身通不敢不勉
初六日讀升續五均論其疏通廣韻多與蔡而老多合去年
本見一切經音義中趣者此蒸之說所見之而老未得其解按此
手論漸及此說要篇獨佚經之言由讀之也恨恨

輓姚逸齋姨丈云 雖然人不識秦在口成碑 四海于今稱長者 與

吾父相從聽話以把臂九京重話平生

初八日 早微雨 庭階春草 都覺蔟萌

初十日 讀鄭叔子書畢 曹惠甑有轉注說蓋本於叔子也

十二日 雨 白石杏慶來約立稽古文會 後更名青人文讌

季文瀾就館江寧 賦去一詩 寄若生云 佳士相逢動隔年 江棋顏色

夢南天孤鏡却有同聲 和舊學從無異物 邀我槐清名先沐 蘭

君儲偉抱匹張騫 去年曾以三國志決然事下問 杜與吾家卅暢同入翰林 請 命侍文章書云追通西國文字

主亭待論千秋業 莫使清魂賦點鴛 和來韻

十三日 讀司馬相如封禪書 其文曰云文王改制爰周郅隆 又云正列其義校

飭其文作春秋一藝 按則齊學家謂王爲文王 其指可睹矣 厥

十五日 天晴 朋好同游西溪

十六日 星南就館姜堰於襄溪精舍爲祖行 席中論及同学宜

各爲藏書目錄 並附述自著書目錄

十七日 念百即將來約崇論 料量全史冊子一過 閱呂嘉祉通正

徵讀書不勤此後擬凡因及史事必檢之傳則時時播及矣

十九日 從芷湘所假得聚珍版論語言原 此書自閩縣劉不奇守考亭

家法其議而采者十之四五

二十日　看論語三家原　錄其佳者數十百條

二十二日　子湘搭集便請　松甫攷古郡國之以丹陽名者有幾

二十三日　禹言過我　論宅基家太湖留令諸本　其云平者俗書聲訛也

二十四日　子湘使來索書　三家原未能詳錄　自先進以下概從刪節　然大要已得矣

二十六日　象三房伯母七十壽往祝

二十七日　從師臣假得初學記　讀穀梁莊二十三年丹桓宮楹　二十四年刻桓宮桷傳　因得窺古人畫宮榱之義　畫當讀斷　雨亭禹言同過我

二十八日　讀史記贊一過　其有均者凡六七處

二十九日 連夜大雨 相傳庚日月建下三白平頭者其月必多雨果然

讀穀梁莊元年傳因以論語賜不受命 及予所否者天厭之之義

三十日 讀孔子世家

二月小建丁卯

初一日己卯　漢藝文志論語魯二十篇傳十九篇並列堯曰一篇爲叙篇

魯二十篇者連叙篇數之傳十九篇者不數叙篇也傳當是魯學家說

論語之書從論語〻書稱傳則論語在漢稱經矣

讀史記自叙

初二日　家三伯母之七病而終　於肆中偶見魏正光五年孫遼浮圖

銘記　余自仲春遇我[illegible]

初三日　述史記公羊學一篇　秋甫過我云丹陽之名除采邑外餘在郡縣凡有叁

考史記楚世家周成王封熊繹于楚蠻居丹陽[illegible]以爲楚之初都丹陽今秭歸

東南陵城是段徙枝江亦曰丹陽此●●兩丹陽也秦始皇本紀卅七年過丹陽以

括地志淑清在靜州雅之其丹陽即兩漢治宛陵之丹陽郡此又一丹陽也宋書

州志晉太康二年分丹陽為宣城郡而丹陽遂移治于建業其郡治在今上元東南

五里此又一丹陽也隨書地志（江甯）梁置丹陽郡南丹陽郡●陳廢南丹陽郡●

其建治之地雖不可考然亦一丹陽也隨志又云開皇九年廢丹陽郡大業移

復置其郡治即今上元縣治此又一丹陽也郡治而外又有縣治自漢迄隋

志晉志宋志南齊志丹陽縣皆屬丹陽其建治皆在今當塗縣東六十里之地

此又一丹陽也魏書地形志北揚州亦有丹陽縣在今陳州府項城縣東北此又

一丹陽也以上丹陽凡八城（新）唐書地理志関内道丹州咸寧郡本丹陽郡

此又一丹陽也 又江南道潤州丹陽郡 武德三年以江都郡之延陵縣地置 此又名郡之名丹陽者 亦吝邑而外一丹陽也 又據水經注河水篇河水又南得丹水出丹陽山東北逕冶官東俗謂之丹陽城城在一清曰丹陽山在河東晉境 此又一丹陽也

初四日 元兄往南掃墓

初五日 撰史記蘇柯攷就正松甫

初七日 重易稿就正松甫

去年擬為易象禮徵其草藁襍亂未就今重定冊

初十日 兩漢書院甄別 文題 詩曰周雖舊邦二節 詩題 雨過落花紅半溪 以紅字 詩題 舊與之買互易 遂筆誤錄也

十二日 三臥書院甄別 文題 子路曾晳七節 詩題 硯沼 竹字韻 夜還渺

積五六日未能讀書甚矣吁文之累人也

十五日 吟白雨亭來約茶話吟僊南唐兩編廣韻今年日月皆不虛擲度錄左秀聞吾同之推之君能日照竊薪從許書中抽出古文序經奇作也

十六日 寫寄元朗 視元朗意 從何肩臣東南紀事西南紀事其東南紀事云唐王不次用人擢鎮江諸生錢邦芑為御史邦芑即何肩遠祖也

十九日大風微夜雨雪隸下寒甚

二十日看黃仲恩東觀餘論中吾考史仲殖文鼎文乙子一條

二十二日 松甫過我論及禹貢三江自律至今無定說 松甫去後排纂

展禹貢錐指之因悟北江之北當詞別是北江自是南江而省之長蔦藤（水經注濟水篇酈駰曰別濟即北濟北江正如北濟矣）

二十三日　作三江釋一篇，攜艸以白石訂正。白石方文孝經已寫定，都凡一千八百四十三字。

二十五日　清明　大風　夜霏雪

二十六日　連十餘日時作腹痛，蓋水病也。去年偶爲朋畜啓及宵雅肄三解，劉我山見之，以爲不凡，且以宵衣爲綃衣，稍地爲削地，證成其說，閉門造車之尚有一二合者耶。惜我山不來，未由面論也。

二十七日　雨亭示我易卦通轉表

二十九日 西溪桃杏梨諸花暢開 子湘子耆叔白雨亭約往因將便邀孙師壺齋
及三兄去 携寳塔殘磚一方歸 白石縮游 今日忽發興往 不知誰家有
朱桃一株 高可出牆 顔色都麗 在昭慶寺樓南
白石假去嚴可均輯孝經鄭注一冊 蓉君生來書云刻了春秋詩小錄
異日可持贈也

三月大建戊辰

初一日戊申　孔子曰志在春秋行在孝經春秋孔子前已有則孝經亦當起孔子前否則為春秋孝經皆周公作故韓宣子見魯春秋曰吾乃今知周公之德孔子述孝經曰則周公其人也今所傳孝經蓋齊學家說一篇記孔子述孝經者也（十篇[illegible]）

初二日　孟子引泰誓殺伐用張改偽古文者謂其襲孟子而臆改其文云謂殺之古文近我說文我及謂从殺者然則古文尚書東晉時實存故白之間謂以下以親見之但附益增損或所不免此殺伐改為我伐正由不諳古文而臆為易之耳　如謂襲於孟則孟明之從殺之之爾改為

我也今之尚書關東諸儒闕為偽者鄉張氏私議又反為真者謂經

文真而有晉人附益始損之他經多有此類如漢時人獻書皆其立博

士其書必經其潤色矣孔傳則確為偽物孔本多傳也

初三日雨 讀小經注疏小編有穀梁亭知穀梁以地為氏也

初四日雨 念白來詒春秋董氏學

初五日 過伯羲 屬其讀爾雅當以禮注 讀大戴禮曾子十篇

初六日 讀大戴禮

初七日 讀大戴禮 撰古文孝經字讀攷 滕下即脚下白石黃忌諱

初[illegible] 攷敀

禹言過我云有以當塗夏忻景紫堂文集來售者

初八日 過仰蘧

初九日 雨亭過我 示我易九宮表

初十日 伯父壽辰 約雨亭禹言吟石仰蘧文讌 往禹言所觀書

夏炘文集中有檀弓辨誣序 又及三綱制服政事改補諸序 制服及改補俱刻樹集刂 檀弓稿筆詞之其人云逸失之矣 此書見有七冊 擬當小冊也

十一日 看景紫堂集 其言論主張宋学居多

十二日 三賢書院劇課 經文西言曰狄難 賦推十合一為士以裁為推一經於十

為韻識帖池西直吹柳蘇則以吹字漫云則不得偏以見相吹點吹字猶覺自然

十二首 措課篇 芷湘送秦景紫堂全書目錄 種子辨證三卷 述朱質疑十六卷 三綱制服尊尊述義三卷 學禮管釋十八卷 讀詩劄記八卷 詩章句攷一卷 詩樂存亡譜一卷 朱子詩集傳校勘記一卷 詩經二十二部古韻表二卷 學制統述二卷 六書轉注說二卷 漢唐諸儒與聞錄六卷 評讀殷竹一卷 息游詠歌一卷 以上三種名養痾三編 賈長沙政事疏攷補一卷 陶生敦先生年譜一卷 以上皆已刊共十種 李牧左侍祛[illegible]李[illegible] 習毅存日記 易學易通 轉音紀程 小窗日記 聞見一偶錄 以上皆未刊 [illegible]

景紫堂不止八冊 然此目不載文集一種 或俟集刊則本共止八冊

亦未可知

十四日 前日於韡之碎語 偶思説文有臺諸君韡之語 臺謂一字壽考 上字本於東壽考 於以東省壽考 則於韡者謂也 復述一卷以專明之

十五日 與伯壽 [illegible]談及王制與公羊孟子合是齊學也 中故是齊語 於字例字上類當是於韡或亦其一

十六日 撰於韡說上下篇

十七日 未生 芸鄉 校前文稿 讀書徵子篇 晚集[illegible]精廬 坐是孫師 [illegible]諸君 [illegible]十日 而諸友一大集 [illegible]也

十九日　讀漢書五行志有箕子在父師位之證則微子所謂父師

正是箕子　箕子典洪範故微子就以稽疑

二十日　撰尚書微子注一篇

二十一日以微子注就正雨亭白石

二十二日　以集解索隱正義合刻校單行集解本　既有異同　校本紀一冊

并為諸子辨非皆者子鼓當讀穿與有語在下相應

二十三日　校本紀

二十四日　校始皇本紀　伯虞來詢穀梁

二十五日　函伯虞發去穀梁補注五冊　此經淪廢已久予志此有年晚未

錄一上 校讀伯聲揣之於訂 甚善甚善

釋說文解 校項羽本紀

二十六日 釋說文戕 去年曾为釋戕一篇 今知其非也

二十七日 校高祖本紀 昨伯聲來 向中庸之重 告以即以公羊之三統

讀韓勅造孔廟禮器碑 知伏羲十言之教 即說文所謂始●一經十之

義也 孔子承之作元孝 碑文 元語春秋 春秋之元 从乾之來 元即一也

數五十而備 注文 春秋云 孔以經乎 易十四年 日備矣 此春秋始一終十

之道也 孝經●●●● 蓋所以夫經地義始一終十天地之義也 此孝

經始一終十之道也 而皆本於伏羲十言之教 故碑以孔子之

能元孝承伏羲畫卦之卦上畫極於九十復還一說文計从言（乾三卅六）
十算也 算家亦極於九十復還一 故曰伏羲上十三頁卩說文所語
據一經十三卷也 ●孝經緯篇亦云備矣與孝經云備矣正是一例
還謝老子錄語酬於老龐之見此可備老朋一解
二十八日 伯祖二十周忌 二兄自浙歸
二十九日 為白石校孝經義疏補 此本道光九年初刊於滇十四年再刊於
滇 今通行本皆十四年刊也 校畢還去
梅木齋刻韓辭極善 從子湘處假看一過 聞永生說近有
叢本十三經日正同文書局印行者

星甫前日過我云在姜堰見劉小農家藏北宋單刊爾雅疏

精美無倫擬為留影鈔

三十日　去年以予葉恩問論語知德者鮮是否謂當世知聖德者鮮

今讀漢唐公防碑碑云道牟羣仙德潤故鄉知德者鮮歷世莫紀正如

此解因命崇記之其告子疑者蓋以解其惑也

閔星甫說暨鐵譜星伯々當日曾見々文鄭本論語論々信伯々國星由來

也余謂程寬公筆家是齋學使々齋謂也

襄蘭精舍芍藥盛開　二兒作春寒趣　林々老諺云是

濕溫

四月小建己巳

初一日戊寅 朱生過我因為二兄立方 午後雷雨

初二日 讀孔宙碑

初三日 聚蓉粮倉公祭李小花先生將集資以刊其遺詩也

燈下校小花詩六冊

初四日 讀正定王氏家傳 朱生昨為二兄更定方服之極解矣 讀跡根繇林氏為比干後泐淇云四月四日為比干誕日承平時祠其甚盛

初五日 二兄表極解而轉胃不利 讀朱生診語以半夏瀉心湯

自三月以來無快雨溪水淺涸不便人飲今日仍微雨未能厭望也

隸釋載廣漢屬國令王君神道記作星為曹乃此種侯間

讀石經殘碑下同

又廣漢太守沈子琚綿竹江堰碑竹字皆作什與王君神道

初六日 三兄昨暮後自覺漸開下利亦止惟上焦為結撐所並

耳不清聽舌本積濕 飯來噯逆膚步帶微撐

初七日 詣華祖廟求方隨過洗歸身 余生昨屬延他友助之署

鈞園約夏仲篤來 其論病與余生大同

初八日 三兄病未已神識間昏 亟請余生來云此邪近心包之勢

祖清宮湯 大王丸 易犀角為羚角 服一劑 胸腹見紅點

初九日 仲揚昨夜來云清宮請脈仍主清宣其方復承先生定之服
一劑病亦未退 三兄聞科試十四日取齊於昨晚匆匆動身
初十日 二兄早勢略較 下午時神昏舌燥唇裂目瞪鼻塞舌短
危迫迫已 仲揚來時已二更 亟服萬氏牛黃丸 夜來勢稍定
十一日 黎明往禱於祖[illegible]三以鬮卜皆得陰惡神魂飛越 方寸亂矣
叩承先生門以昨夜情形告並以仲揚昨擬擬方商請宮方祈其為
我審決 辰正服藥 至下午舌稍潤神稍清 仲揚來擬增液
湯
十二日 承先生來定方 病勢較昨又稍清減 承仲西君皆云可望

錢表

十三日 元氣神效漸清 仍服前件食方 二大兩與男同自杭回

十四日 先生早診元脈 表象已平 昨方續識

十五日

二十日 是日來元氣病勢似解而不甚思食 時作噫證 復請華

祖師廟求方 論棗仁 服兩劑

二十五日 先生擬麻仁丸服之

二十六日 仲揚擬五子五仁丸服之

二十七日

二十六日二兄服大解即請黍生來擬湯以[illegible]解熱服一劑

二十九日兄鄂旦食不佐嘆請矣此病自二月二十八日起至今

適滿一月皆謂溫病者蘊病也其蘊愈深其發愈

烈兄體質視余及季緒強能恃強遂不甚慎疾此

番病愈實出祖宗神人之靈良工明師之力惟頗困矣

加儆同保此身前之險惡或特以丞戒後昆也

五月大建庚午　十五日夏至

初一日丁未　校三代世表　不與書覿蓋一月矣

二月十二日三取課卷發回試帖吠韻我山云以爲言對莊子工妙絕倫擬群自詡乃復同之耶

初三日　校十二諸侯年表　二兒早食雞汁麵致臌脹之病蓋飲食起居固有必不可易之次序然兒體不耐亦未便以常法拘也

初四日　校秦楚之際月表　復請禾老爲二兒擬清熱化痰方服之

初五日 校漢興以來諸侯王年表一 朱生拓食角桑

初六日 校高祖功臣侯者惠景間侯者兩年表 今日為壬子破相，傳以為必雨，聞說處所時看雨點

初七日 校建元以來侯者及王子侯兩年表 又校漢興以來將相名臣年表 晚看梁章鉅夏小正通釋

初八日 吟老餉我雈花小瓣 看洪震煊小正疏義

初九日 雨 望久矣，得此大快 看小正疑義

初十日 昨雨未足，曉起仍有微雨，喜甚望甚，午前後乃復晴。噫！望之久而始得之，又不大如望，奈何

禾生晚至為共酒論良友暢敘至乐不下旱之得雨也
看小正疑義洪氏此書亦精亦博其攔經旨義無餘蘊治
夏小正者以之为鴻寶可也
十一日 看紀昀筆記五種
十二日 三兄昨自金壇歸 自春州以下皆不能每日列日
車驅縱渡德程日晨往候問尚儀郎也
雨老約往茶園請諸生有馬言馬之金壇來 服述試院瑣
事馬此日 何園官指掌 說文釋例 與雨馬同候來
生

十三日 大雨自晝至夜約得六寸快哉 三兒午刻來晚返

十四日 早起灌水 松甫來論說文

十五日 夏至 晝微雨夜復大雨 看金石契

十六日 以𝍥𝍦𝍧𝍨為六七八九字於是檢宋司馬光潛虛 又以乂為五

以𝍠𝍡𝍢𝍣為一二三四 丞元李冶測圓海鏡記算有縱橫二種縱

作𝍠𝍡𝍢𝍣𝍤𝍥𝍦𝍧𝍨 橫作𝍩𝍪𝍫𝍬𝍭𝍮𝍯𝍰𝍱 是積算也

首為橫則次為縱次又為橫如百卄三作非是也首為縱則次為橫

次又為縱如六百七十八作𝍥𝍯𝍧是也

月食

十七日　雨。亭吟伯過我，即同候季生，訂文讌之約。吟伯為居，季生為條例。

子湘前見余所為嘉祥漢石畫記疏證，不以為大繆，屬余理正其稿，因刪易數處，復作一目錄以備遺忘：自序第一，伏戲以來忠孝人物畫記疏證第二，伏羲以來忠孝人物表第三，伏羲以來祥瑞畫記疏證第四，老子見孔子畫記疏證第五，子路畫記疏證第六，車騎官屬畫記疏證第七，顏淵、曾子、老萊、王陵母、范贖畫記疏證第八。

十八日　昨夜今晝皆大雨，夜復大雨。與王六兩弟同過仲聲。

讀荀子賦篇，國策記楚春申君書厲憐王云云，其文亦見韓非

無錄錄說者或以錦非為是國策為誤合余謂錦為荀卿弟子荀遠在甲寅年已草此文錦因述之推理甚審也

十九日 青文文論第一集 陳白石 吳邈甫 蔡雨亭 李吟伯 楊子湘 丁忍齋 蔡禹言及余共八人 程君齋所贈來小學彙函月令章句一種 夜天雷雨

二十日 早霽 錄月令同篇

二十一日 錄月令章句 事臣自上海來晚論近況

二十二日 錄月令章句 晉候事臣其所種蕉已結實矣

二十三日 天氣驟熱

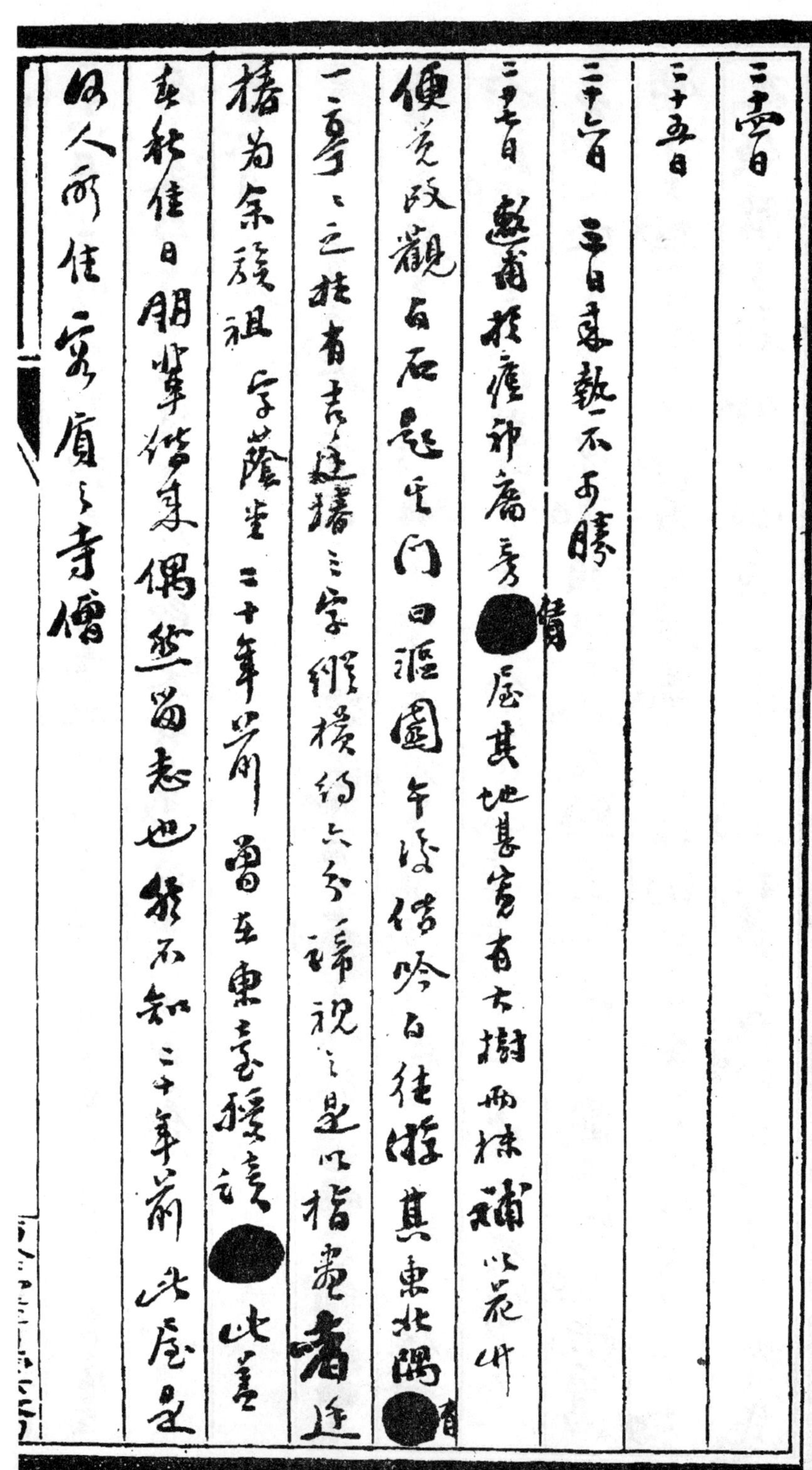

二十四日
二十五日
二十六日　十日來熱不可勝
二十七日　邀甫於崔神廟旁[illegible]僧居，其地甚寬，有大樹兩株，補以花竹，
便覺改觀。白石題匾門曰涯園。午後偕吟白往游其東北隅，有
一亭，亭之柱有吉廷楷三字，縱橫約六分，諦視之，是以指畫者。廷
楷為余族祖，字蔭堂，二十年前曾在東臺攝篆，[illegible]此蓋
去秋佳日朋輩偕來偶然留志也。然不知二十年前此屋是
何人所住，今為肩肩寺僧

二十八日　三賢書院課題　子曰為政以德一章　下王出居　鼓泉古居

所之文政之的正當為儀即本於義　職分排此段此篇

二十九日

三十日　寫月令集句　吟白蘇為青[illegible]文諸啟[illegible]云

湖首衙舒豪華。修住游於寶石。右軍觴詠。敘盛事於蘭亭。但相尚以風流。本無關於素業。方今寰瀛通道。胡越一家。户習衛處之寄言。人致參軍之譯語。頗波云逝。大雅其淪。悵而觀之。鍾荒慨焉。湖之業撰。言尋隊諸。事在樂群。商經通於平生。芳蘭言於一室。所願獻文辭真。同賦莪光勵志之詩。從茲送抱雅懷。其七子為奈辰之盛。

六月小建辛未　十四日初伏　二十四日中伏　十六日大暑

初一日丁丑　錄月令章句

初二日　往西宅問恙　即與三兄同候季生

初三日　錄月令章句畢　偶檢廢書中有孟子年譜　其葉其帋已廢爛　因爲裝理完好　粗看一過　其譜似不甚精　古微堂集有孟子年表　異日當據校也

初四日　談魏源孟子年表　其言本竹書紀年　謂與孟子本書合　史記則不足據也　子湘過我　攜去清石庵記疏證稿本

伯循來談學

初五日　此數日天氣殊甚涼　讀柳賓叔穀梁述禮原稿閱二十許事擬

補完之　白石過我　爲我畫張穉龍亮丞昭白王甫近三歲

初六日雨　讀楚辭章句洪興祖云漢宣帝時九江被公能爲楚辭

按被公見王褒傳

初七日　讀楚辭章句

初八日　讀荀子成相賦二篇　按成相●三賦●七成相亦賦也今之正符謠

志孫卿賦十篇之說

初九日　灑園文讌　到會者共九人　讀雨老詩韻倒吟老遊齋

遺筆　下午雷雨旋霽　園有桑樹葉葉皆用閱可

書　公謂長樂傳非罪是屬設之詞　吟老隨筆說與余同

初十日　念白撰王筠夏小正之義來

十一日　讀文輝讀叢錄　有讀錄兼首錄入小正說中

撰郊祀賦章句

廿二日　讀周文讀

廿三日　撰郊賦章句畢　王方姚謚賦韻

朱伯純來同學

七月大建壬申

初一日丙午　寫邠卿館筆尚艸藁　至十五日畢

十二日　王賢書院副課　陵赤為孤對古為笑注文要證虞堂相如入寶山賦　以題字為韻　帖排疏霜葉秋色得霜字

初七日　集程君齋　叔甫祖甫皆未至　君齋述有隨筆

十六日　兩老述扇古韻表　古韻通轉表　容齋老●論莊子時出精義　吟老例每半月必摘錄唐紀事本末一篇　君齋隨筆亦自有所積　今自摘錄讀書引論語

蓉生前贈我江寧嚴道甫詩一冊　曰玉井搴蓮集　曰金鳳兆

松集今讀一過其秦五大夫松歌最可喜昨適有持北周天和二年華嶽頌求售者略閱其文嚴集有書後一首云或云形與聲義資祖篆从楷新字延體光象類太譌謬果不誣也

十七日 讀書雜著舊名屆集劉孟瞻先生著有左氏舊注疏證撥集首汪士鐸序云以次付梓則近當刊成矣集共六十一卷今從容齋老所假得卷一至卷六閱之異日擬詣邀甫向劉氏乞全帙也

有王某閱本●自況可邀當索原題不獲已因為五百志之云

向觀汝長書萬物從牛起語小半以今語大[illegible]戒理坤離注地雲

甲子嶰星紀疇耕司馬犁某甫山呈不美云何今之人一呼見東鄙

蒼蒼偏下視孰者非形象王生孫振奇妙解許君指封尾角

頸三屣象著在紙我知子非我莫語許之者是國家命予題等也

愧無懷圖南以麟繞象獸以麟始麟等不得見之尾[illegible]吾百

天此皇特六義一日比體重而道也迺當代時肩仔細[illegible]端木

言息耕且息任王某自記有息耕息任之意校正者之

廿一日集楮子淵所禹言為我正知悱事由

廿二日以知錯事由就容儀老正不高

積日苦舌痛，尔生屬予服天王補心丹

廿五日 讀詩生民傳，陳奐疏之不能申明毛誼，作補疏一篇

三十日 看袁派選

廿六日 讀許學叢刻

指寐老所見劉夢鯉柳枝詞十五首云（夢鯉字蕙園，與王夢樓同时，寐老號）

賦羅江梅思黯然，鬧紅天氣艳無眠。誰知静婉腸腸意，多在清明寒食邊。

砂與鬱華暗有期，春前春後易相思。蹉跎悔煞無知覺，潸向東風寫恨眉。

定有纏綿無限情。纔眠又起未分明。曉風殘月官楊渡。一段楊慵畫不成。

拂面煙痕淡淡吹。迎人青眼故教垂。等閒錯認無情物。幾向君前枉費思。

灞岸離筵客思遙。絲絲都逐淚痕飄。供君攀折差堪贈。敢惜長條與短條。

插遍河畔易成陰。十五纔過弱不禁。橫吹一聲人靜後。幾曾拋卻故園心。

綠波蕩蕩沙棠舟。長堤翠蓋蒙中洲。美人容儀青綢繆。何以遺之

碧玉簫

枝枝葉葉亂絲絲。百尺樓頭酒半酣。卻憶蘇山為客夜。鳥啼時節夢江南。

只以官權擲不管錢。琅邪大道拔金鞭。儂家亦有封侯壻。莫遣飛花入繡樓。

渡口香衣曾共挽。陌頭攜手雨桐陰。漫嗟秋老。懷抱吟只恐風來。君袁錦。

九月中旬復加墨圈以志之

謾說絲鞋蹀渡狂。管結香囊衣度流光。書衣縷縷魂君薄。不集青青只係留。

暗憐蘇小門前記。雨斜自攘首臺上魂。多少了來條絕映收。東風莫亂

一溪痕。

精頸輕拂儂家帝。蘸水新條兩依添。正好舞腰人作伴。緣何長隔

一重簾。

臨風依水美情懷。力弱難勝燕燕釵。婀娜下裁來到鬟。不妨雷雨

五官街。

樓頭初放影嬰點。小試慵妝病眼懨。揉作相思挼作絮。可憐天氣

春晝明。

原叢云三十首之半 然刻者有十五首也 惜多从之觀見矣

連陰旬日

二十七日　雨亭吟白雨中過我

二十八日　飲麥冬生地汁，舌痛遂愈。柔生所言可謂洞垣

三十日　與三兄論學半日。又至霖老處[illegible]述道業

八月大建癸酉 初四日白露節 十九日秋分

從吟廬處假湛務堂易貫讀之其書以易之太極即天之北辰分圖象說皆本此義為推究書凡十冊其前二冊曰周易三極圖貫其後二冊曰易經文辰貫

初一日丙子雨

初二日偶往覆游本醴泉銘雖有鑿損其真面尚未盡沒也

松甫來論輿地並為我指出史記集解誤字甚多日夕送之歸 往城南遠眺景物新鮮心目大快

讀離騷 離騷為忠孝之至 皇考錫名有此內美啓修名之不立

獨將脩以爲帝，其孝非猶夫人之孝也，故獨就重華以陳辭。
靈脩被他宗，情信姱，保清白以死直，固前聖之所厚，其忠非猶夫人之忠也，故獨犯彭咸之遺則。

華夢請錄（不知何人作）云：經略溫公之駐師金川也，參贊爲阿公桂，時朝廷延望捷音，以書謂屢太僕精于數學，召占之，其兆先凶後吉。侍衛恒壽自言爲冥閻值殿判官，每五日一大睡，憨人往視，屢一晝夜始醒。屢太僕占畢而退，相遇于別殿，恒公曰：占兆如何？能溫將軍已陣亡矣。某於昨夜值閻羅殿，聞將軍至，閻羅趨出，將軍入閻羅殿，將軍手捧簿書，高尺許，指閻羅而授之，則從征軍士

冊籍也越若自敢報至頗信恒公言不虛未幾阿公捷書馳至

並信非非不虛焉

初三日　讀離騷章句王逸用賈逵說居多擬疏通證明之

初四日　校閱史記集解六冊佛國記一冊

讀離騷

初五日　看李貽德左氏賈服注輯述　讀後漢書賈逵傳逵父

徽習左氏春秋國語周官古文尚書毛詩逵悉傳父業弱冠能誦

左氏傳及五經本文以大夏侯尚書教授雖為古學兼通五家穀

梁之說尤明左氏傳國語為之解詁五十一篇（注左氏三十篇國語二十一篇）又為

常言古文尚書與經傳爾雅〔爾雅〕詁訓相應，詁今據歐陽大小夏侯尚書古文同異，復令撰齊魯韓詩與毛氏異同，并作周官解故。又（條奏其）撰出左氏三十事尤著明者，皆君臣之正義，父子之紀綱，其餘同公羊者十有七八，或文簡小異，無害大體，至如祭仲、紀季、伍子胥、叔術之屬，左氏義深於君父，公羊多任於權變（逵所著經傳義詁及論難百餘萬言）。又許沖上說文表云：慎本從逵受古學。考之於逵，作說文解字，而許重自敘云：其稱易孟氏、書孔氏、詩毛氏、禮周官、春秋左氏、論語孝經，皆古文也。按此賈為通羣經，非今之學。其博大甚與康成適也。范曄論云：鄭賈之學（鄭與），行乎數百年中，為諸儒宗，誠哉是言也。因表賈經目於下

易 傳云論五經本文當者易也遠為古學 其經本文當為古文

孟氏 授許 敍

尚書

孔氏 傳授 大夏侯氏 傳授 小夏侯氏 傳授 歐陽氏 傳授

詩

毛氏 傳授 齊 傳授 魯 傳授 韓 傳授

禮

周官 傳授

春秋

左氏授傳　穀梁授傳　公羊授傳　國語授傳

論語　孔氏授評叙

孝經　孔氏授評叙

爾雅　授傳

小學

授評作說文解字

初六日　得蘭皋於前月信，並今日往弔

從子湘所假吳氏離騷草木疏、錢氏離騷集傳，復於伯寅處假朱子楚辭辯證、龔景瀚離騷箋

初七日　吳仁傑、錢杲之兩書讀過，還子湘。讀離騷箋，其以亂曰以下為詠史通篇之節次，可謂卓識

陳秋賓患腹泄，余生前訣其不起，今竟卒，年甫三十，美才早落，哀哉

蘭以素心為最，蕭氏昆以一枝見詒，馨香馥終日

初八日

涇園文讌晗　白石邀甫子湘叢如及予共六人　讀今日所撰李唐紀了

日升之君德篇

初九日　二母舅五十壽　晨往慶祝　遇馬書譜学年伍玉白老云商

讀離騷音句疏證　說文所引賈侍中說者六條　耳部職下

糸部緤下　言部讀下　晨部晨下　象部豫下　女部須女下

初十日　看國語正義　周語

十一日　看國語正義　齊語　雨老約玉泉看文讌　坐者吟

老　夜中偶思六書之義　即着於本題　事即指事字也

象即象形字也　聲即諧聲字也　意即會意字也　轉注即

轉注字也　叚借即假借字也　轉釋轉注云建類一首同意相受

轉之从車　注之从水　所謂建類一首也　專主通轉　釋名主在通

注（蔣子家注云見說文解字注）　所謂同意相受也　於是訓詁真也之[illegible]之義訓

假也之藉　所謂本無其字也　以叚為假　以藉為借　所謂依聲

託事也　以本無字本義　假手他求　候聲之通　小學者

十二日　六弟三十生日　前月初八日為五弟三十生日

午後壽霖來　論學　甚有興　因共酒論　聊更乃歸　月色大佳

十三日雨　讀國語畢　太史公自序云左丘失明厥有國語　讀書[illegible]熟

又志國語二十一篇　左丘明著　是國語與左氏春秋同為丘明所撰矣

糅雜麗書。糅左氏者吳越兩附益，今案國語綴於吳越之後下卷
專載范蠡滅吳事，藝文志兵家有范蠡二篇，越之用兵故
以其言附入國語越書事，觀文種及邪俟侈事楚悼王吳越語之
也。至鄭國時皆為楚有，而鄭又為[illegible]所[illegible]，鄭語僅據以寡好一事
其文有云武王之子應韓不在晉在晉乎，吳語越語僅言差[illegible]踐
相爭之事，蓋此三國[illegible]亡時原書本各有其語，越張晉而以鄭
附之，張楚而以吳越附之也。又按齊語僅據以用管仲之一事
其文具在管子小匡篇中，有作內政寄軍令之說，故引管
子文以附入之。左氏書國各為種也，今之國語目錄於下條謂者

知左氏本[illegible]與吳越撰著者

周語　左氏本有　[illegible]穆王終定王

魯語　左氏本有　[illegible]莊公終襄公

齊語　左氏本無　吳越[illegible]撰著

晉語　左氏本有　[illegible]曲沃武公終[illegible]懿公

鄭語　左氏本無　吳越撰著

楚語　左氏本有　[illegible]莊王終惠王

吳語　左氏本無　吳越撰著

越語　左氏本無　吳越撰著

右除齊鄭吳越●●●●●列左氏本有者周魯晉楚四國語耳孟子云王者之迹又云晉之乘楚之檮杌魯之春秋其義一也並列周魯晉楚四國●史書自孔迄孟傳習不絕而齊鄭吳越之爲吳越諸篇[illegible]明

十四日雨

十五日雨　讀顏氏家訓一過勉學云明史記者專徐鄒而廢篆籀學漢書者悅應劉蘇而賤蒼雅蓋太史公從孔安國問其書多古文家言故顏以爲讀史記當先明篆籀也漢書亦多古字古義

晚晴有月　白虎通攷默云孝道備者賜秬鬯　又云内外川備孝道乃生　又云孝道純備故内和外榮玉以象德金以配情芬香條鬯以通神靈　又云玉者德美之玉也鬯者芬香之玉也君子有玉瓚秬鬯者以配道德也　又云王制曰賜圭瓚然後爲鬯未錫者資鬯於天子王度記曰天子鬯諸侯薰大夫芑蘭士蕭庶人艾　陳氏疏證云周禮疏引王度記芑蘭作芝蘭芑蕭作蕭　又廣雅釋天作山匪芑蘭　按此則離騷重言蘭與玉者屈子之孝也屈子爲三閭大夫蘭所應用矣　攷默在白虎通疏證第七

十六日

十七日

十六日 顯考三周忌期 烏乎痛哉 日月奄忽而已至斯 烏乎痛哉

大伯父為予述顯考幼学及冠时事 謹志於別方

十九日

二十日 三十三歲矣 古所謂德美廿分香萬分無一 回思當日

覧揆錫名 不禁涕下

二十一日

二十二日 从子湘岐玉函山房輯賈逵周官解故

二十三日 還老窳書 看王充論衡 其自紀云本魏郡元城

一姓 別是與新莽同族 其引説莽事不甚加駁斥 正以是

耳中有解論語數節，劉氏正義采之，然亦未盡得全

指

二十四日

二十五日

二十六日　為風寒所侵，卧息數日

二十九日　禾生自江陰來，暢述吴門風景，并衡先生畫扇見貽，雅情深誼，感甚，以當

三十日　總言臧的孝子也。禮記祭義云：不虧其體，不辱其身，可謂全矣。又云：壹舉足而不敢忘父母，是故道而不徑，舟而不游，不敢

以先父母之遺體行殆。滅明之行不由徑，非公事不至偃室，不虧

不辱，不登危，不行殆之路也。子游問孝，夫子語之以敬，敬人以身。

子游得澹臺滅明，正見同聲同氣之精。

九月小建甲戌 初四日寒露 二十日霜降

初一日丙午 初四日集于君齋

請理上月館課三日

初六日 二兄往揚州 還至河干 丁甯保重

嶽南菊花消息若未

初七日 禹言假東雅堂韓集 禹言館中芙山家藏

開詠樓 香生子相白石過我

從香生假梁端校注列女傳

初八日 從禹言假萬城艷本錄 錄畢校列女傳

初九日 白石、子湘、承之、吟伯、老棠及余六人，送为賓主者一日之樂。子湘有樓高五丈許，以古尺準之，蓋百尺矣。余與承之偕登，闌檻四望，全境在目，亦偉觀也。飯後放舟游西溪，循秦皋之南，林麓信步，雨後野趣橫生。三賢祠樹紅出牆外，各折一枝以歸。禹言移約同游，後因事不即與舟行。晚在忍齋食蟹。

初十日 三賢祠課卷發出，錢山以為旁通標準，亦不虛之譽也。從白石假南菁林藏書六冊，中有元和蔡雲編蔡氏月令五卷。

孫師魏陳秋賓云西風吹冷桂花天聽說斯人不永年循
吏謝竹兄名又子○丁時太息口爭傳○嗟手功名掇巳科○會看禪偈
釋山若阿○圓風忽阻蓬山路○事怪才人嘆奈何○唾餘牙慧
雅腥臊○縛手曾無指摘處○偏是嘵嘵紕繆子○獨攀明眼
解吹毛○到死名心未肯消○直將性命換文章○遙知處
稿樊如○照空有吐光芒○滿目丈長○嘅況殘吟不刪去云詠上吉音
底早徹泉台○芙蓉不昧因緣在○會見非能再世身○
讀龍泓錄一冊葛先生字山巖尹逸民也其閣以易象書出
進退之故皆默指當時情事

十一日　祖妣周忌　向夕暴風，禾葉零落，秋氣深矣。仰視晴月，愈覺清瑟，摧廓之利，故非常也。

十二日　書總易新帘

曉陳秋宵

憶昔論文託鯉庭，謏君神采早亭亭。不斬聞喜當年長服，乞耕山百世靈（行述云：小時病危，禱其顯祠獲生）。雲話台看鳴玉佩，水泡依京。證金經繫頭屆尺，丹黃本棲遲中宵火尚青。萬里何曾惜羽翎，黃風消息向長安。蓬萊有約邀雲州。黃葉無謀船上鶴，羅浮本來全太烈，紬力縱水難離玉樓

老道僧文譜只恐勞形又亂肝

西園文酒會群賢偏值維摩臥病天聞說養疴思水榭

妙句語想付雲煙大招難續靈均魄早慧翻成子胥神

島山前多少樹不能爲我起顏淵

風流根據添景物變淒然樓蔭鬢樓樓注中神物空朱漆殼

豪英雄語里魂信有遺文光萬丈愧無健筆續千秋

然一覺殘饞安有夢迷離蝶與周

十四日　擬作詩試之乞正宜回函白石子湘詩存

十五日　久不寫大字偶一爲之譯後全非

微雨 白虎通所言多春秋大誼時引論語爲證韓而疑之

周魯齊三學之淵源也 關雎

寫蔡氏月令序 顧千里序於道光四年重九後三日 今適重九後

六日也

十六日 書召誥王其疾敬德而爲背敬之譏

念白及他友人同祭竹賓屬予爲文

維天鑄物變化億千清淵凝華乃命曰質卓彼偉質光華穎

悶如有中道息乎九原顏氏之苗龔生之蘭重哉摧折惜人心

肝[illegible]來蓋遠觀近觀實維懷君髯鬚儀容鳳鸞翔中桂重

西方殊圜及君十五鴻聞播宣博士辭辭補弟子員豫章蔽日
斯其萌蘖君益奮發翺翔藝林晨鈔夕纂書冊宵溫
紬繹奧妙揚揚筆端筆走強圉雲起龍蟠謂萬人敵
而今果然登廡唱歎來君家大觀日前 丁酉家有國賓昔武今
踐踐廡義無欲明年三月集於長安攘袂破壁在眉睫間云何不
幸橫遭讒陣九天不登而絕羽翮君亦悵惘君汎濫漫思求
宅膺驥驥綿綿藥石已疾君疾難捐一朝棄我去竟夭天年
嘉君之孝撫推嚴親承志受過綏睦奉養美君之賢讓於諸
昆推財割產抗逝暴淵 嗟君之才過揚子雲當世孫之安知

至文悼君之图题几辰云均●闻遂遂遗遗请教闻君九岁曾病僾

寰寰长推神潋亡而存今昔后祷升明不怜命也非耶宵

无憾天谶●君词稿思君笑言鸣呼已矣疑天何必鹏起宵

金麟绳孔编同者慷怆翻余朋伦幽明不通奉觞告虔

云车风马来临几筵尚飨

十七日　过白石论白帝通

十八日　帝秋宾　写言少至论艳斋录　雨

十九日　硕声来论学　君崙●●来

二十日　读能改斋录　写云无一缄

二十一日 思齋勸余取以益銳，舊日所得，以時溫理之，皆著石也。又云為學之辨，須去[illegible]不化翻新。又虛懷空周其知，長其所短，斯善矣。尤為昔賢有得之言。余以為溫故知新四字中，着一而字，最妙。

讀說不錄論語類其解吾有知乎哉無知也云凡人自視若無所不知，至於教人之際，反多厭倦，一旦遇淵博穎悟之士，能以智辯勝我，我既以師資自負，猶將矜矜於見所長，若乃樸陋之夫，則亦壯且怒之，壯且塞責而已。聖人則不然，聖人自視若一無所知，至於教人，必盡誠為之。無論成德達材之徒，指

示吾儕即空空之節文不敢忽也必將究其黄陶之旨無使為之

斷斷是非辨似而歸於一途雖顛倒靡所不惜也嗟乎四是非天

地父母之度與

廿二日　讀龍谿錄論語類　二兄近語送因以李審言送

學揄揚育之　陌聲之嘐嘐言　■■■讀許書

弟臣招集生者　孫師　禾麻諸君

廿三日　偶翻頌純誠帖題金石刻查臣能為圖為鄉繞本

詩其題為拜碑對銘碑而言也其詩皆修此意

耳　禾生也同往候嘗翁

讀龍爪錄論證類　過伯齡記　摘浙局書缺葉

廿四日

龍爪錄通鑑綱目書法存疑云少府耿紀司直韋晃起兵討曹操不克死之是舉也金禕雅謀吉本與焉綱目但書耿紀韋晃而附禕本程子註於疾各禮錄忠貞之義似有所闕宜補書吉京兆金禕太醫令吉本而本子邈邈弟穆附見可也

過君爾　看丁甌卯疾醫云肝邪化瘧未正中間之誤下從險

廿五日　甌卯疾稍轉

廿六日　甌卯疾如昨　接禾生及了張浦生云是邪留而在虛之象

心如手除来问散集及许书

二十七日　元生日　禾生诊韩卿疾云所见证皆是太阴脾病宜专治水土前所立方为本中公款要指此见禾之虚心明眼而医术之难亦可知矣

检校课程　读宝应成蓉镜郑志疏证

二十八日　韩卿果有起色　偶看言禹将勘纬集

读成蓉镜撰左补证

二十九日　读成蓉镜驹思书屋问其居室孔子生卒云孔子生于鲁襄公二十二年十月庚子为今之八月二十八日孔子卒

於魯哀公十六年四月己丑己丑者十一日也

蔾椒又異名有蔾蔾椒蘆廬律莫木寷莫木錫萬木珊瑚

雞距子曹左爪二橛撲指頭諸名　詳卷閣內列芸柄蔆棋條下

攫跛謂攫說文多以二字為止也而當讀為如此即距也指也曲禮擇

人人勢手棋謂棋木名枳也有實剝小者為小實甚明　當補入說文對

金沙江即瀘水亦名繩水乃西南一大川　說文水經所稱淹

水即其水也

錄梁被列女傳　還為書龍尾錄　丁敏仰之病已愈

十月大建乙亥　初五日立冬　二十日小雪

初一日乙亥　讀後漢書鄭康成傳論曰王父豫章君每攷先儒經訓而長于玄及叔授生徒並專以鄭氏家法　按范所謂豫章君即范甯也　甯為穀梁集解中多引據釋廢疾及駮五經異義文是范誌穀梁明以鄭氏家法矣　因作穀梁范注家法攷

初六日　跋坐隱齋文論　集禊帖字為聯句贈海齋云稽古樂羣以永歎暮懷幽抱水帶契無情

初七日雨夜雷電

初八日雨

初九日雨

初十日 詠齋過我適與伯韓守一同過白石因不相值

伯韓處秋華可愛

十一日 說文秋華菊名日精 爾雅鞠治牆 郭注又謂是秋華此菊

伯韓治許學因屬其考正

十二日 伯韓來閱治牆因舉周官蟈氏之牡菊可以焚灰洒除蛙黽以灰之蓋蟈氏與赤犮氏相次赤犮下有除牆屋之文則牡菊名治牆義亦通焉

十三日 往候詠齋亦不相值

穀梁范註家法考艸藁成，為●叙曰：范曄《後漢書·鄭玄傳》論曰：王父豫章君每考先儒經訓，而長于玄，常以為仲尼之門不能過也。及傳授生徒，並專以鄭氏家法。按豫章君謂范甯也，甯為《穀梁集解》中多稱引《釋廢疾》及《駁五經異義》說，其云鄭君釋之者，皆釋廢疾說；其云鄭君者，皆駁異義說。據其自叙，有云：「釋穀梁者雖近十家，皆膚淺末學，不經師匠。」別其刊落衆氏，歸獨焉。蔚宗所言洵不誣矣。夫起廢之作，第辭以難；駁義諸論，惟同許文。並而即本見末，以一持萬。東京魯學，斷推大師，武子之生去鄭未緬，其時江左波靡，清談成俗，爾乃討王何之首惡，崇游夏之北面衰輯緒業尊而不名其視手炊襍收鯈孔之執攘匿胥服心術懸絕豈可道里計哉至或著以未詳中之甯拔柳亦毛傳之須箋而非聖證之設論也今謹依注條舉分列二卷自餘羣經鄭義有為范所師用者亦多不著錄以掛名之曰穀梁范注家法攷云

十四日　以范注家法攷就正白石

十五日　吟老約同雨來請君文讌　前日丁叢老過我今往會館　有獻瑞麥於大令者

十六日　東嶽行報神之典　連夕月色皆佳

十七日　白老餉我舊精一合云可以清熱非如康成目痛方之班范武子也　讀鍾氏穀梁補注

十八日　讀鍾氏補注隱公篇

十九日　讀鍾氏補注桓公篇

二十一日　念白仲翁題杼雲樓居文論

二十二日　外祖八十生忌

二十三日　族弟名祥字松層（名蔡弟字樣章生）者於今年科試入縣学携其試艸來

二十四日　讀鍾氏補注莊公篇　詠齋貽余大吉匡食露以典瀨湖

縣學

二十五日碑賈[illegible]僧某墓碣得[illegible]壽[illegible]墓碑宇文公碑延慶寺碑樊府君碑四種校錄列女傳

二十六日校錄列女傳

二十七日校錄列女傳

二十八日校錄列女傳季淵送來錢坫說文斠詮約略讀之即還去據云直英泉四五圓也

二十九日校錄列女傳

三十日校錄列女傳畢 梁氏所據蓋建安余氏本其視今刻黃[illegible]曾本精

善國多箋黄本亦自有佳處不可沒也

三兄自鎮江歸

宗仙同日詠霓裳殘帖一首

同作霓裳詠。兩朝有舉年。義山懷往事。曲水集群仙。題自

蟾宮選。名都雁塔傳。鄭曹齊把袂。巖李競攤箋。徽祭恩

尤擅。鴻臚話共宣。中庸新樣調。上界舊班聯。醉李同亭去。

浮槎桂管遷。巖游空復憶。此別又東川。

十二月小建丙子　初五日大雪　二十日冬至

初一日乙巳　讀顏氏家訓

初二日　還訒齋梁端校注列女傳，因以顏氏家訓贈之。周子香五十壽，於老崇處朋酒讌樂一日。

初三日　又買得魏鄭君殘碑。碑敘其先德，因鄭當時拔賢及鄭國穿渠、鄭崇尚書、廣譜諸王，又有君與從兄先護云云。按先護為鄭恩之子，魏書有傳，故知為鄭君碑也，惟其名字無攷。魏高盛殘碑及九十人造象，續金石萃編有造象，無鄭、高二種也。

初四日　與伯兄季弟同看黃氏屋

初五日　與訒齋同遊白石

初六日　光子問一貫之義，因告以讀書當明其上下文。譬子貢之一貫，其上文明有多學而識之之云，是子貢務博而夫子示以不必博學也；譬曾子之一貫，其下文明有忠恕之云，是曾子未能忠恕而夫子示以不可不忠恕也。董子云：心止於一中者謂之忠，持二中者謂之患。上節既以忠恕告之，則此章正發明一中之義，一中者忠也。曾子、子貢為學之初，以皆未能專壹，夫子故以此救其弊。後儒乃謂二子為能得道統所寄，未免看得太高。

初七日　看北周書帝紀及列傳第一二　題考生卷

初八日　核改佰純課文

初九日 校孫伯純課文

初十日 謁星南因段叢蔭精舍訪伍論文 坐有孫師白

石岑伯翔齋 星南指蘇壇書示以宋刻陳龍川選

精騎集 明刻李衛公集 皆嘉興李滄葦藏 跋

足宋世罕有 賦詩以記之云 時節何清明 拾遺大出錢刀

何足惜 珠玉同縑授 梓里叢名賢 香宗開選樓 延今舊 謂衛公集 謂精騎集

書目不厭深 兩本皆載延令書目 寬根 傳世原曾本 叢髭李衛

公陸以字 手楷書 楷能工 外集亦影鈔 起衰能補缺功平

泉重騎 吳叢石言相 衛公集爲中吳錢氏叢物 有楷字綠色長方圖記云 吳門書志以逗貴寶

不畏清儀碑有假不反覆神洙子印形上內空四圍記四角作魚尾形係宋真德殿廡貴緣萬年人記不

圖。永康學有此古文龔，寶傳雙龍鑒龍縣集，凡六冊，此上冊三冊，班先

半翁寄龍川先生有集之襄六種。龍川文集向藏有元龍川集殘本，為聚川

和氏從源也。

十一日　心蘭過我。

十二日　三賢書院課題：吾說夏禮，四句；自鋤明月種梅花，得鋤字。

撰之卷。

十三日　梅卿過我，月中同過書肆，得亭林音學五書、葉本文

選兩種，賈叢殘之番也。

十四日　揚生子久入學　其文題爲民之歸仁也五字　此題當以不
鬱塞破爲妙　因作原稿增删之　詩題爲鄙人與之境同文
字　通場皆以爲晉文　不知謂衛文也
十五日雨　讀沈編修鵬應詔直言疏　詞氣謹嚴忠義奮發
與鄭璞齋　明珠　錢澧齋　和珅　鼎足而三
十六日晴　酒後招飲
十七日　讀鍾氏補注莊閔篇　　僖宮牌樓巷黃氏屋
[illegible]年　春秋言降　後則言下矣　春秋言取　後則言拔矣　春
秋言敗　後則言破矣　春秋言滅　後則言屠矣　春秋言戕　後

則言擊矣春秋言師戰國則言兵此春秋與戰國語言之異

孟子之不樓雖下以年莊嶽年之不傳　此條當錄入孟子春秋文徵

十八日　雨　讀補注莊園篇　吟伯前日云漢以魯爲禮齊頌王業以頌爲魯頌云子孫爲魯人後魯地入楚故有頌荒也今按廣韻頌字下說正與同惟不云魯滅而云頌雅姓國爲齊穜所滅子孫以國爲氏雖有頌無頌葉頌之精也　詩有魯僖雖史文以僖爲備故左氏雖隱桓莊閔四公事多闕誤

十九日　讀補注僖公之篇　詩語正而不譎漢郃陽引作法鍾鳴字誤合鏝法印正也穀梁法嚴法門印正嚴正門也

二十日 冬至 先一日祀祖 雨亭錫之茶園文稿 因過訪之 午飯 偶讀顔氏家訓車下馬當目正果下馬之誤 爲言蕭漢書霍光傳爲證 余復引三國志魏志東夷傳以申明之 因共推依困學紀聞爲課例見曝書雜記 爲顔氏家訓校注 訊答云趙曦明已有注矣 刻在知不足齋叢書中 他日當從子淵假觀也 倘題諸家考詳 仍可補爲之 午後同過白石 買得曾惠敏四體書二冊 重裝爲一冊 其面地用新見所繪之雲巖圖

講論語多問王知道 樂即子張問及不知命兩章

二十一日 大風甚寒 服裘

麗生吟白詩意圖過我 閱元年之禧仲和來吟並左氏謂

是仲和說屈語經■■■單三家矣陰元年之祭仲來■

二■■年之削■■(本當)來是也果是仲和說來省難多疑直書

云事今惟書來明非省難之說矣當從穀梁說

雨老談去晉學不書

二十二日 早微雪 白石詠堂老宗約往子湘處讀畫

談伯純襟又 詠堂晚過我論學甚久 擬故求開堂春彙得

自漢至國朝十二人皆生平所服膺者

漢六人　董仲舒　賈誼　司馬遷　劉向　許慎　鄭康成

唐一人　杜佑

宋二人　司馬光　朱子

國朝三人　顧炎武　汪中　曾國藩

二十三日　雨　改作絶課

二十四日　讀論語衛靈公篇　孟子言憂心悄悄慍于羣小孔子也趙注謂孔子論此詩按趙蓋據荀子宥坐尹文子聖人說苑指武孔子誅少正卯與門人論及此詩也　焦循正義讀論為倫非也

二十六日　祖考生忌存附百年矣

於子湘處觀白石老山水

瘡痛五日

二十八日三賢書院副課筋度二尺有六寸三四經文蘇東坡

以十一月望作重九賦以菊花開時即重陽爲韻刺備不仗

添葯添以添字試帖

二十九日雪

十二月大建丁丑　初六小寒　二十大寒

初一日甲戌　祖定黄氏屋其出祖人为詹杜二姓

請假課女

初八日　訪寄石　往新屋　紅梅開矣

初九日●●●●

初十日十一日十二日連日天氣晴和灑掃屋宇合宜宜也

買竹書案一方洋泉七角

十二日　讀容齋隨筆　其考據頗多精切者

十三日　巖老訪寄石話　晚讀蘇詩數十首

十四日

十五日　大伯母壽辰

十六日　棻宗生日　子湘招飲

十七日　檢理書及籍移往新屋約十二箱

十八日　雨

十九日　晴

二十日　母親壽辰　新宅種竹

二十四日　進新宅

二十五日　子湘為我買說文斠詮

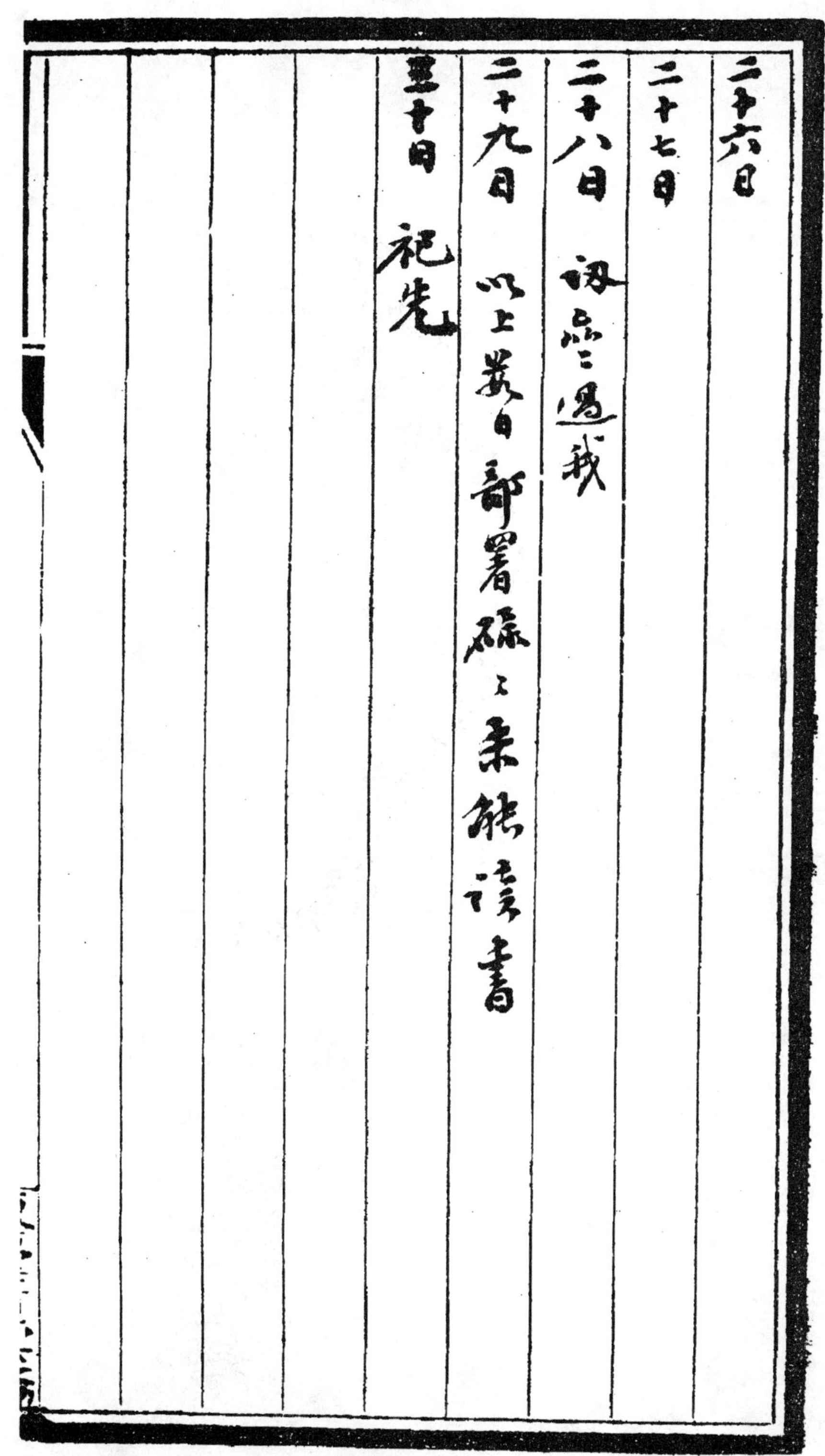

二十六日

二十七日

二十八日　詠霓過我

二十九日　以上數日部署碌碌未能讀書

三十日　祀先

魯學居日記

庚子

光緒二十有六年

光緒二十六年　歲在庚子

正月小建戊寅　初五日立春　二十日雨水

初一日甲辰上午微雨下午雪　往賀孫丁兩師及賊友數家

吟白諏笙過我留飲

初二日　與雨亭吟白同過諏笙文禧三兄夕　下午又雨

初三日雨

初四日晴　過白石

初五日

初六日

初七日　母舅家有祭事往行禮

初八日　游苓丈太夫人初十日六十壽今夕奉觴席上晤項晴軒

初九日　候晴軒仍觀張屋卿詩冊跋歸錄稿

初十日　至游苓處祝壽

十一日　禾生贈我梅花一本　觀麻老為禾生書翊經二字

十二日　同謁晴軒於襄蒼精舍　晴軒云有說文統系圖不假

極也

十三日　雨亭岑白子湘禾生伯胥午後同過我

十四日　白石生日　去年同人集金刊李小花先生詩稿本已竣白

石屬校一過　張唐卿有秋夜獨坐一首云古人去不返蕭條京洛塵秋雨初涼夕閒庭獨坐人蟲聲吟砌繼燈影動墻隈插架陳編在憑張老氏招余極喜之白石許為我畫圖

十五日　母誕今年四十生日稱觴即設其賬事張業為壽

十六日　李文澗來今年仍館省中　北風夜雪

十七日　雪　讀李小花詩一過簽出誤字十數其讀書一首云蕺雜浩於海百川源滙歸往來宇內士未來古今遐酒下村沽酒燈挑夜雨紅那堪魚豕謬精詳自無窮十年前白老曾為我書於箑

十八日 買筆 東川經蘭青巷楊氏宅外見修竹出墻蓋尺許 聞心蘭述其友人周孝粟過曾文正里有作云

為因賢里滄川李卻枉衰時趙故心餘氣湖山竟清感君心天地任銷沉管錦不嘆多於古墨固窮知饑已今小雅不聞誰大雅遺編三復一霑襟

十九日 晴 開學

二十日 過馮拖一 從宮麻老段鄧石如書弟子職

二十一日 石生逢來來閱

二十二日 看江永禮記訓義擇言

二十三日　看禮記訓義擇言其檀弓篇中之有三五處違疑譌吾舊說者　子翔招飲

二十四日　看禮記訓義擇言

二十五日

二十六日　淑喻過我暢論積愫

二十七日　看禮記訓義擇言

二十八日　雪　三兄賜我龍牙茶一瓶

二十九日　好雨

二月大建己卯　初六日驚蟄　二十一日春分

初一日癸酉　看五禮通考吉禮門　朱伯純來

初二日　詠齋子湘白石吟白雨亭崇如兄及余同為文讌　甲夜看燈圈

雨

初三日雨　檢讀家乘粵河東雲山祖塋前山四壙後山一壙

初四日晴　看五禮通考吉禮門

初五日　同人遊西溪

初六日　舅氏乞白石題久不至屬為詩以催之云為底先生下筆遲一

屬抱祇百篇詩債知尺幅經營日已自足千秋著作時龍飛鳳舞

舊家鄉湖上歸來夢皆忘（留氏故祖武甫先生曾謁祠）偶作名山都縮地頗長康是費長房江河東注日懸〻魏晉何妨有漢周君是桃源真隱士不能為我寫懷每 二兄往鎮江

初七日 訪從約觀蘭並訂其家祠艸制晚飯後同過老棠

初八日 殘吟白詩錢大昕聲類讀一過據汪恩後跋及陳士珂敘錄是書不在潛研堂叢書中為卷凡四其目為釋詁、釋言、釋訓、釋訓、釋語、釋天、釋地、釋器、釋草、釋鳥、釋蟲、釋獸、讀〻異者、文〻異者、方言、名號〻異、姓〻異者、古讀、〻音諭、同音通用、〻音近通用、形聲俱遠、字形相涉之詞、

初九日　去筆隨人久卷以自策寒修識不自量氣象可張千磨

壓春泥踠蕭鈔蔾蕘乾星頭頭近見書退尔知難詩　顧印愚

讀穀梁補注

初十日　忽白訥舍[illegible][illegible]三兄同過我飯後偕候周玉老

種芍藥及桂花　余自殿去年時文艸稿

十一日　過伯鬳　讀穀梁補注

十二日　六日為雨亭太夫人七十壽三兄屬為聯語以頌云通經學

百家饒雪溫冰清德不華師氏轂展花朝三日嫣紅姹紫

春光齊媚老萊衣　白石過我　至源子子家樹東學

十三日　讀穀梁補注　晚讀姚鼐選古文賈誼過秦論云秦王足己不問遂過而不變以至於亡雖使知好問則裕改過不吝湯也勃焉而興有由來也　蒙論語問一條與紫宗冢棚講子張問曰令尹子文章因以請矣二字易題命學為時文其言甚能成理亦可喜也　夜雨

十四日　蔡生自省中來三年別緒一朝重理感慰矣并以李文雅錢金石拓本十本（中有吴蓉池劉世珩石字篆藏石記）於下共談茶花如遺矣

十五日　晨與兩老謁聖廟堂上配位凡十有六兩廡配位凡百四十有五　讀蔡生戊戌己亥兩年所為詩文

十六日　芸生於甫同過我　閒窗話雨情味清永　芸生錄去

魯譜大義述草稾　畫雨夜雷聲

十七日　二兄書來云已至鎮江敬寫續三百篇字卷去　前日

吟伯往揚州託其爲我購淮局書若干種　子儀芸生

白石三兄同集於佰聲所其庭中有紅梅一本百餘年

物也風雨淒淒標格尤高　補讀騷選古文

十八日　祝雨亭母壽　讀穀梁補注僖公篇畢

三兄過我　誠齋昨自安豐來云吳野人墓在梁垛

十九日　讀穀梁補注文公篇　佰聲來

二十日 禹言過我，即同過廿芬生 子香爲友人書和平

柳黃鸝生二君去之出 讀穀梁補注文四篇 子湘過我述

其重刊句容縣志顛末 謝齋招飲

論語伯夷叔齊不念舊惡怨是用希 程子以爲即指周武王言

此語甚大

二十一日春分 讀戡跋記 沐浴 天氣未暢和庭中牡

丹皆放芽矣

二十二日 樸有過我索題去年禊文 子湘送句

容舊志來

二十二日 徵雨 跋朱生石生謀藁 看白石舊志序曰

伯聲來 史記十二諸侯年表序曰太史公讀春秋歷譜諜至周厲王未嘗不廢書而歎也曰嗚呼師摯見之矣紂爲象箸而箕子唏周道缺詩人本之衽席關雎作仁義陵遲鹿鳴刺焉 按此則關雎鹿鳴皆是刺詩 蓋詩之作人本爲太平時其作君德衰亂詩人傷歎之以爲刺耳 論語云師摯之始關雎之亂 始者源也 關雎之亂正史記所謂周道缺師摯見關雎之亂 撥而反之正 鄭曰師摯之始關雎之亂 亂字作一句讀 又按論語云吾自衛反魯然後樂正雅頌各得其所 雅風之得所

師繆為之雅號號符所志予為之也

二十四日　與徐荔孫子香飲蘭三兄同議茗生於詡盦夜予乃

羅詡齋素心蘭花特開清芬可人

二十五日　去年種蘭●夏時傷涼莖葉敗落秋冬謹視●

稍稍起矣然不能冀其花也即著花如詡盦周察之者

謂亦以為新之無花前日微雨出蘭庭中今午冒之

芳馨驟發雖自憐未心同目諸乃即余●秋冬謹視者

也去以一時之傳出息之月●枯振拔破之易而培養

之難如此能稍起即花天之勇於興善哉孔子云棄

後能知松柏而後乃能知蘭是余失蘭也余過矣」

讀史記伯夷列傳不禁觸惡熱是用希一與求仁得仁又何怨并

引劉鋆希之怨不屬人也

二十六日　苕生招飲　下午興隆文昌閣

二十七日　三賢書院甄別　舜有天下二段題　古陳難為文矣　即春

秋議安御之人之能言之者　苕生為我撰一篇　余生過哉　後乞乞

撰詩

二十八日　過研齋　偕有苕生子相崇之　昨日書院課卷　長於小

合有八百本之夥矣哉　王研芬來　名業官　可畏　年十八　有雅才　可喜

賸得不知誰是謫仙才 仍知字 張師昨稿

才題從仙御風飛賀監知聞識能繼美令我動遐思半采倚雲

錦文章擅色絲歌人如不作冠衆復何難討論讀千篇生

花筆一枝便縱橫騰踏日想到未來時下界隨游戲騷壇

作主持 聖朝鐘育異多士拜丹墀

既襄葆精舍 拙孫師宗老坐客倚蔘午餘上從部游便過茗

生茗與老宗老飲老宋馬吊不甚亂受清興遂別去

春氣大和牡丹芽又長尺許 偶得暢雨則益盛矣

三十日 與子湘蓉生同過杏白既以銅非石江鄭書遺文 又禮瑞

虞書目　吳郡金石目　　過伯齡

稽瑞樓書目敘

吾鄉藏書家以常熟為最。常熟有二派。一專收宋槧。始於錢氏絳雲樓毛氏汲古閣。而席玉照殿之。一專收精鈔。亦始於毛氏錢氏遵王陸孟鳧。而曹彬侯殿之。乾嘉年間滋蘭堂主人朱文游白堤書賈錢聽默能視裝潢綫訂即知為某氏藏本。嘉慶年間陳子準先生及張氏金吾並以藏書稱。張氏書及身而散。陳子準歿子和。孫後書亦盡散。吾師翁文端公與子準厚。既即其身後。以重值收其藏本僅得三四。散失者已不少矣。今

稽瑞樓書目，蔭從翁叔平假以刊之。虞山與張氏愛日精廬

藏書志並傳。今常熟一藏書家惟叔平及瞿君敬之。瞿氏所

藏宋元槧尤富。叔平與蔭爲昆弟交，至銘心絕品，恒得見

之。而瞿氏之書，遠隔三千里，未由一見也。然亦神往也哉。光

緒丁丑六月吳縣潘祖蔭識。

三月小建庚辰　初六日清明　二十一日穀雨

初一日癸卯　晨有雨意　讀稽瑞樓書目一過　晚微雨

讀賈氏詩稿中如滕六谿云西天浴佛明人見鐘谿家風自有真

賽柳云垂老蒼寰沈溺角蘇小門前冷暮煙積竹云主人

憐惜當兒看又云他年倘遂凌雲去莫把栽培忘舊時

州西湖云如此湖山君拋卻不妨清福訂明年歸來云

歸來不覺春風老剩有薔薇隱隱香挽某人姬死云

州云紅雲渺渺空回首塵海茫茫只息肩塵蘆云半生

未離詩書味一夕難拋骨肉緣再剃新去專請安離

矣。此論也，少陵謂須分別。重陽懷弟云：院為歸閒南來

雁，不有家書歷劍離而云論是窮當人靜候窗瑞點滴最

分明，皆情真語摯，不假雕飾而自能脫去窠臼者也。

初五　早起種花。讀錢兆石遺文及日記。其書後四首附錄於下。

書墨子後

西京以上儒墨並稱，故韓文公極其推崇，以為孔子必用墨子。今覽

其七患篇曰：凶無待湯之備者救，饑無待武湯之備者殺，固已昧

其本末矣。至尚同、兼愛諸篇，言多荒誕，不知當時何以行其說。

至文之無處重複，恐亦非原本矣。

書中論後

中論二十篇原本六經務大而略小猶然儒者之言也故偉長為建安七子之一當是時也詞華勝而經術微偉長獨能足乎大而為有志之士矣其書得列于儒家宜哉

書顏氏家訓後

顏氏家訓詞華遜而理勝其識似儒不涉羣書甚博聞廣取之士也所辨文字之譌十得八九聲音一類未窮根柢情以篇極論內典非周孔所能及當亡國年精氣衰颯之文也

書戴侗六書故後

予初讀六書故，見其所引說文有唐本、蜀本，嘗以問[illegible]孫及鈕樹玉。其所謂唐本多大約本之五經文字、九經字樣、類篇及玉篇等書；蜀本多本之林罕字原。餘多單部，如今本說文所無，唐本則有望覓笑饑，則不知其字並出俗隸，昧於六書者又如傾作覓，𢓜作佝，雛作騅，隼從凡，蜋即蘭字之蟊，從劫，虐從虎有象，豐從丰，象於形者並繆。其有精者，予備錄之。推所謂唐本往往與古書所引不合，豈真有本出二徐之外，自宋元之學者皆不見，而彼能獨見之也哉。

與伯純講詩凱風明旦彝上歎南風之是雅本親德

初三日 讀程祖慶吳郡金石目 其自序云曩以瞿氏古泉山館所集吳中金石文字匯一編次并摘較從列至大端或有未載之本就目睫所及者補之錄爲一帙 凡經前人著錄如寶刻叢編所載橫山頂舍利塔銘 蘇總管製衣 魏隱書 大業四年九月八日立 清遠道士詩 顏真卿與李德裕 追和元年月 番中君 唐碑 趙君貞撰史維則書分書并篆額 天寶十載立 重建龍興寺碑 房璿撰序基 潞錄徐挺古書 分書沈宣宗諱 篆額 貞元十四年重立 新開常熟塘記 劉允文撰劉苑書 元和四年二月 大德之浩和尚靈塔碑 崔蕃撰并書正 元和十四年 及志乘所記尚多 以未見搨本概未收入今年夏偶於川蓝檢得繕出清本鄭盦潘君祖蔭見而首古之從志遇

付梓排印本首道蹟雜跋不及霞棲疏漏尚多敢質博覽咸

豐元年十二月程祖慶識於都門寓齋

初四日　寫上元豪　看江鄭堂遺文　跋伯純摩臨謀文

蘭花至今已開十日芳氣未滅

初五日　看白桃花甚煖　改着禪衣

初六日　清明　閱三元腹疾　午後偕子湘蒼生飲蘭游北郊

晚為子湘擬重刊龍陰白雲志序云吾邑專志自成底稿如玉

國朝龍陰年而大備叢十有二目三十有奇詳哉著矣咸豐間粤

匪魁省垣邑當屠衙被焚刦官府圖籍蕩然以迄同治●●

●●曾文正疇及江省是時內外稱中興修廢振落百務具舉

金陵雅是有郡志之役徹所屬各以志上而吾邑缺空焉不得已

陸以●●●●乾隆本宪●●志藏事嗚呼天地間歸物之皆有劫

成與毀若相禪及其未毀而存之與毀焉而後之用力不同而程

致之●異漢之破秦也●●●●●●●蕭何獨先入收天下

阨塞戶口多少強弱民所疾苦之著在亞相補史者所以●●●

未燒●●也厥後●經營大業權定●●●●文●除挾書

之律開獻納之路而山巖屋壁使者符午一時老生宿儒求師女

子爭以其耳所聞志懷冥所搜持■■■■■入秘府而周
奉以來■■實書鴻典審籍煨滅已不可■■循臣以思先臣難
易之故不二年之間■聚集家■■有乾隆志■■與安書室
燬於■先■故請■書者■■生傳■■命集蒐訪方後敢
物■■■■戊戌冬間浙江文瀾閣有鈔本■■亟有左傳
君為之丁君脩甫展轉假錄■■而先■已於六年著卷
不獲一睹以飫於懷悲哉■於等毫未泉所閱見之徒以先
為所存■■放隊謹就家本去年校大版付之剞劂經始於其年
六月告成於今年六月會稽張■■■承先議重刊府志諸纂

220

新志記[illegible]全集一冊校正條語圍圈者何[illegible]乃[illegible]藏本當

見海虞陳氏稽瑞樓書目載有容[illegible]志[illegible]僮[illegible]本道

君子得[illegible]其本而校[illegible]則又匪徒藏之私本也已

夜雨

初七日大風　予湘偕游西溪看梨花　訒齋過我訂書文

夜又雨甚寒

初八日雨　訒齋過我再訂書文　三日中氣候寒變蒼生

者當與時消息矣

初九日　雨老自鎮江回述江洲老圃云一人種竹千日成熟千人種竹一

日以孰並列種竹宜多人也 與雨老游北郊看梨花 又過
還玉華祖廟看梨花 北郊之花婉静 華廟之花幽秀
並亭亭特立如玉樹臨風 西溪瑤霞宮為最矣 又至楊
忠愍祠 書 觀黃楊 蓋五百年物也 聞僧隆濟云 東嶽廟
有古松 其壽與此相亞
念白過我
初十日 伯父壽辰 大雷雨甚駭人意 讀穀梁文公篇
述魯論大義一條 六弟來 書廊之前庭舊有芍藥 雨
後盡狼藉

十一日　讀穀梁補注文公篇畢，接讀宣公篇。余仁仲萬卷堂經注本印自宣公起。春秋之赤狄白狄，猶今之紅夷白夷之類，説者以為赤衣白衣，蓋非也。赤狄自宣公三年秋始見經，以後赤狄四見，白狄三見。

春秋辭例，將與易象相貫通，當鈎出之。

十二日　遲明大雷雨。讀穀梁補注宣公篇畢。

後漢書循吏劉寵傳注引春秋井田記，公羊宣十五年何休注疑同。予謂漢藝文志有公羊雜記、公羊顏氏記，何休當顏氏之井田記當為顏氏記中語，尤可補王伯厚藝文志攷證。漢公羊嚴十四年陳欽一卷，見中書袁文懷説纘襍

各種皆以注首以聞之　夜後當雨

十三日　祖妣生忌　跋朱生石生祿瓠

十四日晴　詠齋過我飯後同過白石●南部散步

於白老所見鮑步江詩集初集十卷其五州山絕頂紀游一

首庵有杜韓々勝集末附小雁山記狀景寫物庵

悍雄鷙亦可喜也　天候仍寒

十五日雨　從詠齋假王船山遺書十冊　讀穀補注成公篇

穀梁多發明辭例如緩辭急辭內辭外辭之等是

記云游夏莫能贊一辭即贊此辭也

季孫行父禿晉郤克眇云學者將之今按此詩當在二年齊之有以取之日也下

王船山有禮記章句云大例即昉大學之章句中庸之章句

閱宋于庭四書釋地辨證 止有中庸一篇明春秋之義之説余向爲中庸齋學述蓋不孤矣

十六日淡晴 下午微雨

從子湘所假閻居璩四書釋地孔廣森大學通義 江永鄉黨圖考 焦循孟子正義共十九册

讀穀梁補注成公篇畢

范老嘉琴今壽登九十今無他志憶與三兄弟在月夕往候值其撫絃動操停息靜聽其趣盎然一陣指間二十年矣余三人者皆目

兒輩今都長大浮屠有迹蒋蒋無涯老之將至老之闌情美意

也弟臣留爲曾爲七古一篇以賦之足見自云朱方花老琴中師

十七日 雨 讀穀補注襄公篇 史記孔子世家載於易則彬彬矣

彬彬之義似讀論語五十以學易即取交錯禮綜為說也古書

字但作文正象交錯形正義又訓為十

講論語夫子爲衛君章 子貢以伯夷叔齊爲問者子貢衛人也

吾無隱乎爾吾以一日長乎爾乎爾皆語助不必作爾如之爾

十八日 雨 星兩僧葉子實來其剖論醫家癥結精確之至蓋

儒學無世矣 讀穀補注襄公篇 孫寒來●外而本之氣

不伸鬱紆之執五藏於吾際誦説酬對稍稍若矣

今年新種之与蘖與舊根都有花意 聞二兄有歸

訊甚喜 午後雨止

十九日雨 泛覽左氏一過[illegible]嘲和尚太守詩其中數句

云指日匪●旂墨指是字指髮墨運用有史渾成乃尔

二十日晴 齒牙痛 三十年來不知人生有齒痛病今精讀之

看蘇詩其卷一壬寅二月五排用花屆花字作上聲讀甚奇

莊子諸家不知所出 服生地西洋參汁 齒牙少間

二十一日 早過錢家巷訪葉子實 以齒牙仍痛不多語別去

連日閱蘇詩頗有味西湖忽援我施注本贈貽之妙若引磁石　二兄自鎮江寄來蘭草數十本

自初七日陰雨至今日始快晴静觀庭宇光景大佳

和蘇詩卷二和子由記園中草木云覺來已茫昧但記說秋菊自注八月十一日夜宿府學方和此詩夢與弟游南山出詩數十篇夢中甚愛之及覺唯記一句云蟋蟀悲秋菊嫩極此與池塘生春草可謂天成佳耦

種蘭

二十二日陰寒　三兄過我論文

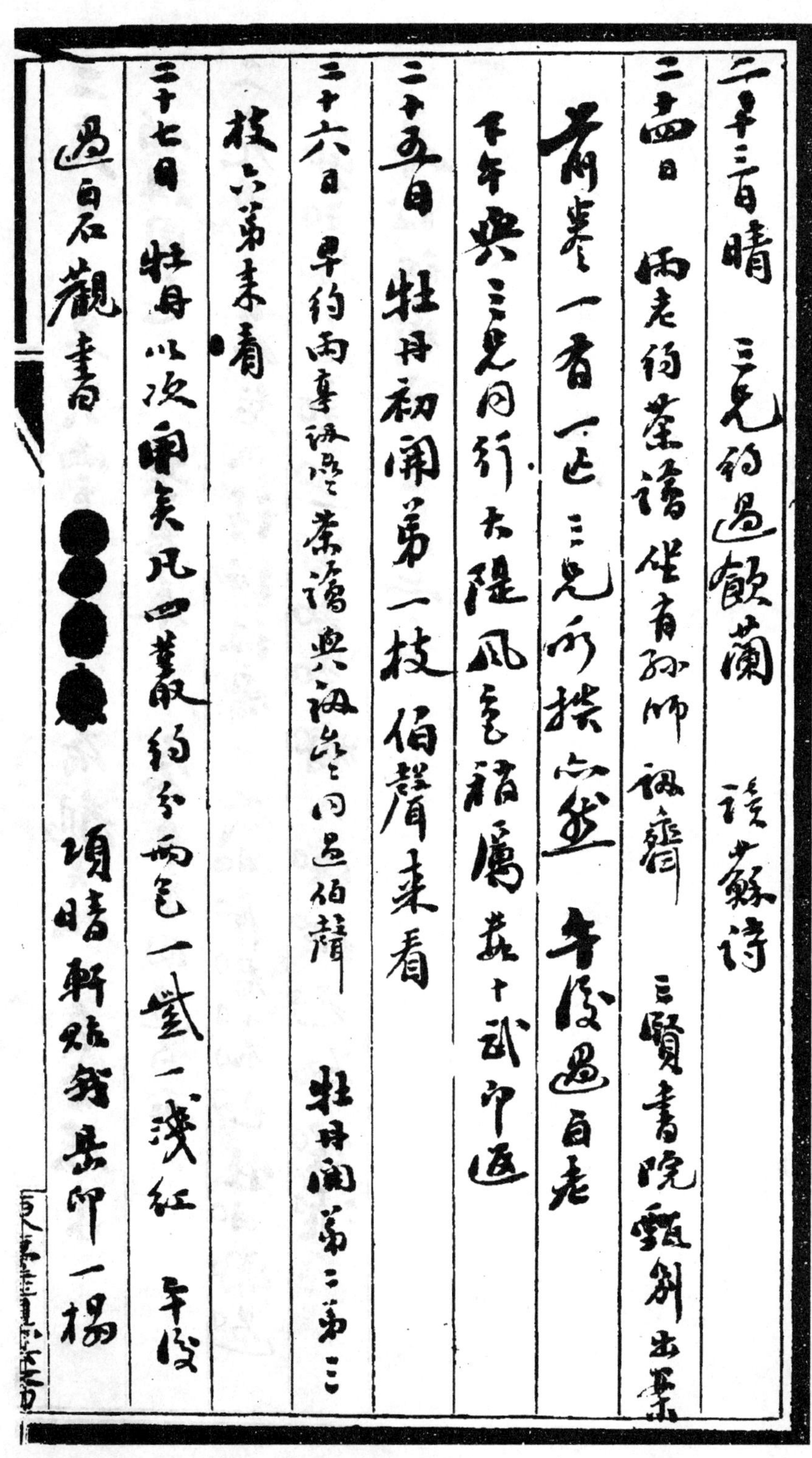

二十三日 晴 三兄約過飲蘭 讀蘇詩

二十四日 雨老約茶譜 坐有孫師 誠齋 三賢書院甄别出案

前卷一百一名 三兄所攜必第 午後過白老

下午與三兄同行大隄 風氣稍厲 甚十武即返

二十五日 牡丹初開第一枝 伯聲來看

二十六日 早約雨亭 誠齋 茶譜 與誠齋同過伯聲 牡丹開第二第三

枝 六弟來看

二十七日 牡丹以次開矣 凡四叢 約分兩色 一紫一淺紅 午後

過白石觀書 [illegible] 項晴軒炫錢岳即一楊

二十八日　早與雨亭至東嶽廟觀古松　吳香樓來
伯祖周忌　葉恩來　忽自來同遊白石
二十九日　晨起以詩招拙齋云　幾日塵君不到牡丹開過
鄭曰拙老莫無酒勸棠獨如此韶光那忍作
午後拙齋至三兄處至

（原件此處遮蓋）

四月小建辛巳　初八日立夏　二十三日小滿

初一日壬申　三兄來晨早　汲齋送去　朝花光景與夕陽迴

別　縣令陳君重刻華亭倪元坦輯儒門語要　汲齋特贈

余一部　與汲修禹言三兄東游過松甫　三兄有書來

六三日抄啟行

初二日　松甫急白[illegible][illegible]來　看閒談消夏錄

初三日　牡丹第一枝放以帛寄存之　午後風雨　三兄久不歸矣

此花自果可惜　大兄來

初四日晴　庭中薔薇放花　沐浴　禹言來

初五日 壽勇來 姻齋招看菜花 白石云木與木相摩則火生人人自以為絕意不禳則心火之焚由妄動 余因思向之憂苦慕痛皆以禳故也

初六日 五叟刻課 三弟詩作朋友圖 姪讀經文 陶淵明好讀書不求甚解每有會意欣然忘食為韻 擬作詩送歸 院試館得蘇字 郭師南老至

初七日 擬經文及試稿

初八日 寫壽 雨 牡丹花數朵

初九日晴大風 白石約往錫金午飯 星甫 雪亭諸君俱至

吟白自揚州來爲我購淮南書數種　又爲書叢書一部

向托丁君林衡代買者也從吟老寄來

初十日　吟白送錢

十一日　看說文義證　晨往西疇觀李約錄君茶譜

十二日　還閱詩甸齋　碑賈來　無甚佳物

十三日　晚雷雨　改理詩之訊

十四日　游岑招往午飯　坐有翔卿錄齋星甫　青齋自淮來

月中借吾弟過伯龍　聞二兄已到揚州不知何

以遲遲不歸也

十五日　李白詩薔薇緣東橋，余書屋東偏薔薇牽連而上，次第作花，可觀可喜，自初夏至今更華，代色絕矣，零零落落盡。頌齋來。樊二兄同過白石。二兄自揚州歸，在外約七十日。

十六日　二兄清晨來約北郊觀麥，頌齋同往。荃譜畢，更至飯蘭畹，自愛問病，便過青齋。前日買得魏高孝宣碑，碑文脫爛，不見其名。今檢魏書高湖傳，湖々子名謐，々々子名翻，字飛雀，謚曰孝宣，疑即此碑爲高翻碑也。又買得漢碑二帋，一帋首爲適王字，尾爲七月

六日甲子　字丐一帋　仍呈書佐題名拴金石書　知為延甯

四年楊煒蒼碑也　穆盈校於地

十七日　看藤壽堂語齋文集中有真子飛霜鏡銘考其

文云鳳凰雙䲨鏡南金裝匣隱曼名為配日月恒相會白玉芙

蓉匣翠羽瓊瑤帶同心人心相親照心照膽保千春

共四十字　背蛋工作方枝界以四字曰真子飛霜　銘文在圓

又鳳字上者字下作王形　居鏡邊之中間所以界左右也

前有以蘭亦考證此鏡云飛霜蓋宮殿名也　則此鏡為

唐時物　又樣菴　梅植之　詩文集卷序云先師梅蘊生先

生於春秋之傳肆力元宗丁亥戊子間於仿孫氏而書僅及至
子義疏例據穀梁集解王義草創疏證而書未成矣注云
集內有薛子韻詩云信身及見劉遂結著書約課氏也

十八日　看劉寶楠愈愚錄其辨周公攝以班攝位日頗詳
論齋居業多也　蒼隱話閱一條　去年種竹
今都活矣

十九日　看愈愚錄　買唐刻裴李昭明刻夏承碑
通韓買以濟甯州漢碑全搨本余向藏本屬校對
之　竟云春間謁粵河祖墓於後山一壙不可知餘

碑碣具在，蓋自紅巾亂後，觀祭埽者垂四十年

二十日　早與細侄同保三兄，三兄今日生日　南郭行步

二十一日　看劉恭冕廣經室文鈔，中有漢書封龍山碑

考

二十二日　與雨亭同看吟白過，以蘭觀所為談書不能畢解

賦　勺藥兩三枝

二十三日　寫字過戲　唯留此真筆迺不事浮華鶴銘

集字　看焦廷琥尚書伸孔篇

二十四日　看洪亮吉毛詩天文考　讀離騷去年撥為賈義

迷而遊延至今未能從事　來函清襍出於所說非徒無益而又害

之者也

　江南進士試天雞弄和風詩爾雅天雞有二王伯厚語

其精於雅學余謂謝靈運所詠之天雞非爾雅之螒天雞

鶾天雞也螒為莎雞●末用振羽謝詩上句云海鷗戲春岸

昨非●其時鶾鳥赤羽出於蜀中　謝本游湖●亦非其地故改

全經四義至一君凡呈一日天雞謝詩殆指●氏也　此條嘗議入困學紀聞

補注

二十五日　雨旬不雨萬物鬱煩書齋南檐鳩巢至聞時聞

鳴呼驟之不然

二十六日　讀述學　聞子湘自江甯回日晨往候之未見云

至鼓樓冒　青齋賃陳壽來屋今日遷居

二十七日　看俞樾羣經賸義　子湘為我購金陵局書

五種　前漢書文選　■■■■■■■■■■■■■

■■■■■■■■■■　夜雨

二十八日　遲晚雷雨竹樹怒發庭中有艸叢生葉作鐵角形

孫師云是詩之芄蘭　讀文選孔子堂琴於師室校印師自表

禮雚　買得唐殷君墓志蓋石一拓又王仲建墓志蓋唐

各一拓

二十九日　陰雨　晚涼　是麥秋天氣　　理孜課藏　讀文選

五月大建壬午 初十日芒種 二十六日夏至

初一日辛丑 看王船山四書稗疏 其論大學之大當從鄭讀中庸祖廟與宗廟有別 論語千乘為因天制賦千室之邑為公家下邑 徹當以孟子集注為長 孟子家乘之國非天子畿内千乘之家亦非天子公卿 明堂即太廟之堂 子十而貢謂一夫則取其十畝之說 殷周助徹以次數推是取民之制非授民之制 皆精深博大不刊之議也 餘如子貢不為政闕若當在昭公之世 媚奧為祭中霤 長府為長幣 盪舟為水戰 獭者之獺當從說文而分正之正 舊依士昏禮

洪水謂洪河中黃河為高為下即禮器文滄浪楚水酈居原濱父云

歌曰陳侯周臣非（周）陳侯名乃周之例受之周趙邑猶言某甲一六皆

神趣猶出閒人智拔恩

初二日晴　讀文選兩都賦寶鼎白雉諸詩皆指東都言注說未是

看鄉黨圖考論形如劉黃依歎窮如所以訓形為月

蒲陶作葡萄字起過之苓列一勃發

初三日　讀穀梁補注襄公篇畢始覺宋伯姬之賢不足稱於孔子

則西山之餓夫與共姬之行不足列於春秋則宋國之惡婦可為伯

姬共姬又以狠討之譏也志而已矣　讀通鑑胡序　溫公豈過我

初四日　讀穀梁補注莊公篇　讀通鑑一卷　段干木即李宗老子之後

德音未遺也　吳起云在德不在險　曾氏之徒嘉言可采也

與雨老同過吟白子湘　午後與子湘同過白老

初五日

讀穀梁補注莊公篇畢　擬讀定公篇　天王使石尚來歸

脤乃膰肉不至孔子之年　春秋書此見者之不辭　孟子不欲

為苟去　趙注不欲為微罪行急者也　孟子本文當是苟急之

苟同非以苟且之苟　　霞老晨自同過我

鍾文烝謂齋一字當非會之一字當非道圖之齋已當會之已當道

非敢望語也　吾言者孔子為司寇之年　吾說無得

初六日 讀穀補注哀公篇 桐城張君涖東臺 今日觀風四書文
題 子曰語之而不惰者兩章 為伯簡卅一卷
初七日 讀穀梁補注畢 凡二十四卷 讀通鑑第二卷第三卷
周顯王四十年 燕人祭北門 趙人祭西門 往往皆非 顯王三十三年孟子見
魏惠王 讀文選西京賦 度曲未終雲起雪飛 雖皆仿佛作之據
此則漢時已有作雲雪之事 蓋即今西學所本也
夕過三兄未值
初八日 早謁松卿師 即同雨老李論邕 答白心蘭 讀通鑑第四卷
宋襄求霸不成而亡家 先著後退 魏宋康求霸不成而亡

幾乃動於生疏　此條可特録，皆自列入所為左史子比中

讀文選東京賦　過秦論　看春秋世論　王而農撰

初九日　讀文選南都賦　蜀都賦　讀通鑑第五卷　赧王崩

周紀畢　赧王二十五年下更言蘇秦於衛侯　又云人主自藏於家謀

所進　赧王十七年　子高直題與公孫龍論臧三耳　理勝於辭

赧王五十五年　子順相魏　九月陳計不用　以病致仕　新垣衍固請

不應曰不出二十年　天下其盡為秦乎　聖人之嗣　譚延子孔

而天下之勤　當其困於世也　看春秋世論

初十日　買團扇一柄　乞白老書之題之　白老云[illegible]記玉蓀蔭

文生餘錢、疏亦有野人、錢讀、鄭注皆餘下盡脫錢字、阮氏校

勘覆亦改讀、皆未及此也

十一日　讀通鑑第六卷　秦紀引荀子議兵篇和博一作和

傳即一之知字、時荀子不誤也　讀文選吳都魏都賦

劉○篠○懷○風○漸○陶○緒○英○魏都之注不盡爲原書

屬寫失也

十二日　讀通鑑第七卷　始皇二十八年　祠名山大川及八神　注引封禪

書八神一曰天主　今西洋天主[illegible]之說蓋即本此　卅四年燒

詩書百家語　孔鮒藏書以待友　詩書百家語言者挾詩家書之家注也

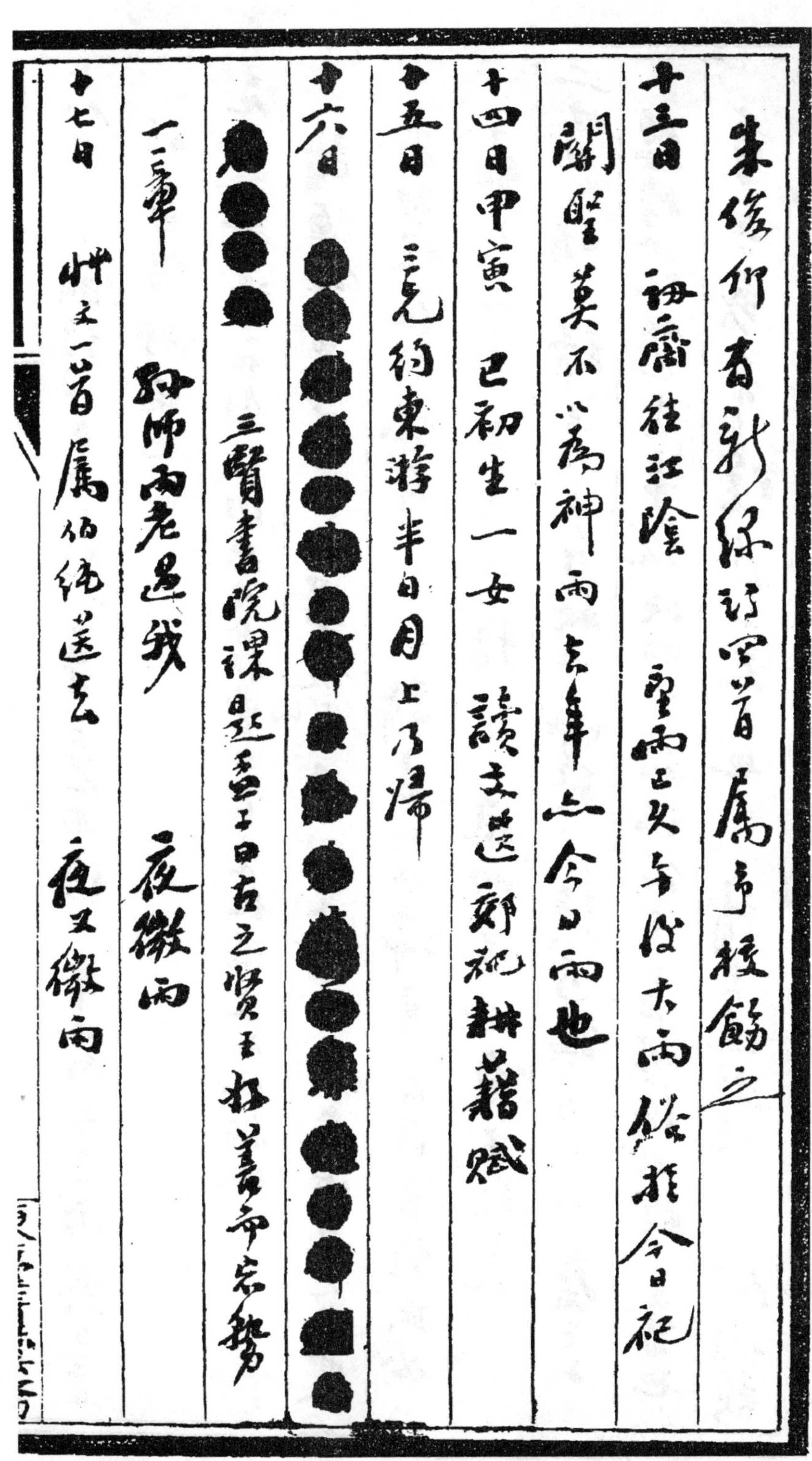

朱俊卿有新綠詩四首屬予校飾之

十三日 細雨往江陰 晝雨止又午後大雨蓋於今日祀

關聖莫不以為神雨去年亦今日雨也

十四日甲寅 巳初生一女 讀文選鄭祀耕藉賦

十五日 三兄約東游半日月上乃歸

十六日

三賢書院課題子曰古之賢王好善而忘勢

一二等 獅師兩老送錢 夜微雨

十七日 艸文一首屬伯純送去 夜又微雨

十八日　子渊约同自石午饭，尊之不值。午前後大雨，與十三日同，蓋皆神雨也。

十九日　讀潘安仁射雉、班叔皮北征、曹大家東征、潘安仁西征賦。

讀通鑑第卅八卷。　畢後民自揚州來，別五年矣，近為人治農，荀郎課徒頗悃耳。　讀春秋世論，其言及晉趙氏必痛斥之，蓋亦有所指。　風雨蕭颯，忽有秋意。

二十日　晴。讀王夫之春秋世論終。　讀通鑑第九卷，秦王子嬰降漢時已去帝號，項羽既封諸侯王，並仍復六國之舊也。尊為義帝，懷遂一天子也。　讀文選游覽、宮殿兩類。

獄共辛篇 孙師白老二兄約同東游

二十一日 同人跂杭香廈為念白作壽 餞從游南城

讀玉尺之春秋家說 見梁山舟九十一歲書●所作書風段

安雅不減少时

二十二日 讀通鑑弟十卷 武涉蒯通説韩信自王是漢禍已

看三分之局也 蒯通說不見聽遂去而為巫蓋其时去者未達

巫之帶葉之一也 讀海賦江賦 孟子七年之病語正病

可以造七年之艾非已病七年當識君时文之見及此

後民道我 同孟若園之論 聞其畫習驚算 求教 一二

務云閑才之算其三至讀至易者也非他資乃●也

二十三日　讀通鑑第十一卷十二卷　讀文選風賦秋興雪月

讀賦　偕滌浴　過松甫論文　孫師過我同過白石

六弟來　他境聞有蝗縣官求雨晚微雨

二十四日　從吟君乞新墨　讀通鑑第十三卷　理政課二紙

論語吾則日三省雖舊作坐解曾母以世宜其命之坐之意

取孫諸賢坐則日不吾知也云云又不吾知是夫子自謂下文知爾

方指諸賢　年後吾求而舉點　唯求則非邦也與是夫

子自為問　篇非曾晳問而夫子答也

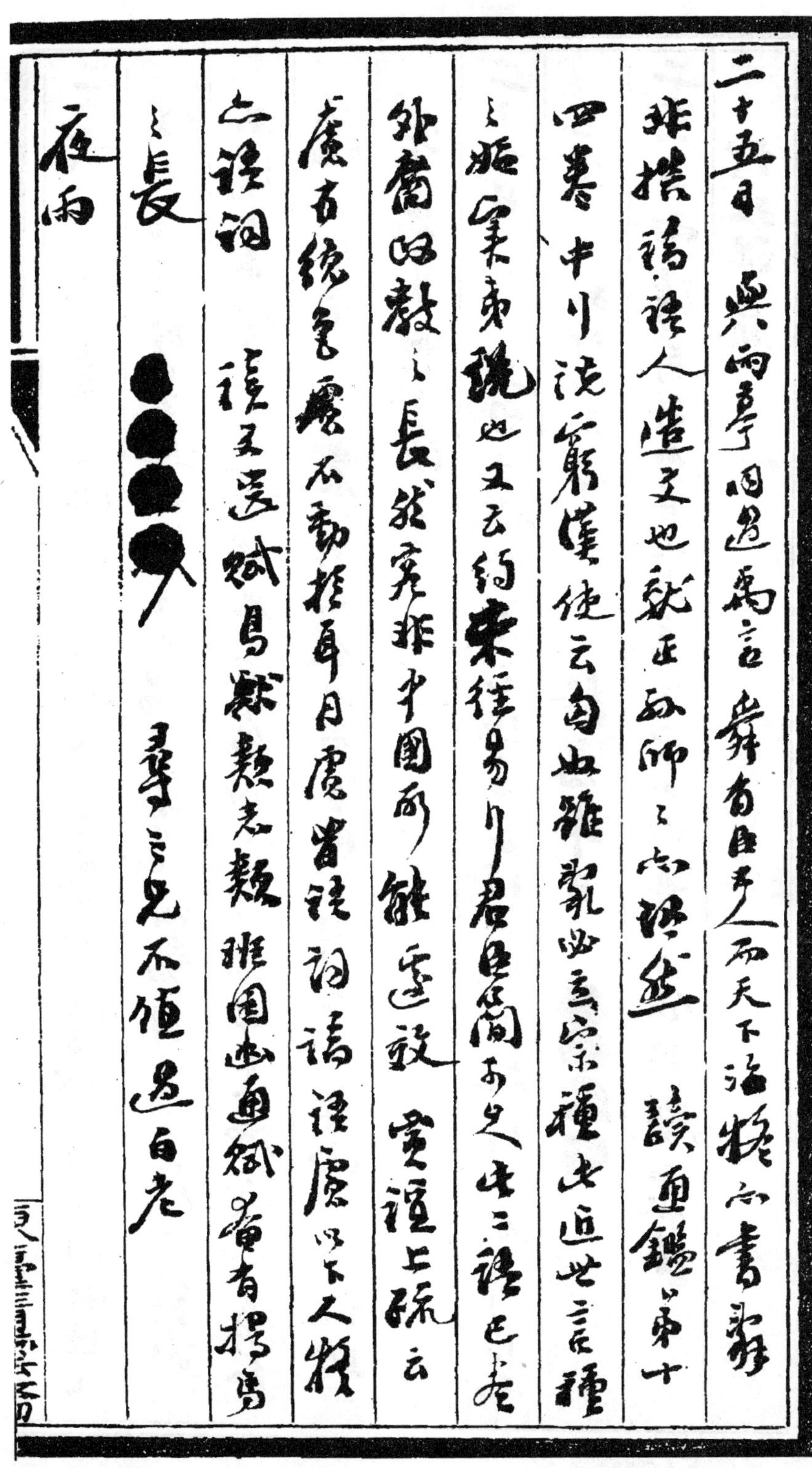

二十五日 與雨亭同過禹言 舜有臣五人而天下治 按六書 舜
非措譎詐人造文也 就正於師 乃知謬也 讀通鑑自第十
四卷中川讀霸漢使云匈奴雖亂必立宗種也 近世言種
々族案東魏也 又云紹宋經易川君臣間不足此二語已甚
外藩四散之長就實非中國所能遠致 實謹上疏云
廣有德皇澤不動於耳目 處當讀詞讀讀處 以下人類
之讀詞 讀又選賦馬獸類志類 非固必通鑑 亦有揚雄
之長 尋之見不值 遇白老
夜雨

二十六日大雨 夏至節 讀張平子思玄賦歸田賦 思玄利肥遯以
保名以下 皆肥遯之言 又多傷羞屬以有怨引易玄屬字繞句
西溪書院山長課題 不遠雲房時之節 賦得茶煙織樹齊分
纏得分字 晨諺語今日不宜雨雨則此後每雨記以俟驗
紫恩來與之談孟子
二十七日晴 前日從吟老乞得薔薇得小桂二株種之庭前得雨
已活 和卿兩老草也 靜息半日 ●●●●
二十八日雨 諺所謂不宜雨者蓋不宜小雨也 日晨起觀農錄
理殘課藁

二十九日晴　閱西漢古學課藝孟子七篇外其篇凡數其逸文見於他書有與七篇文不異者試詳舉之　釋鄭　唐文宗詔上魏徵故笏賦以先臣笏猶甘棠之比也為韻　嚴子陵釣台懷嚴陵釣台七律不限韻　駁諸彥請罷置罘歇降窯議　錢幣考

諾諾江流七里灘，高栖曾此著漁竿。旅以委領金侯霸，未許綸說毋船。大澤更縱齋國徒，幽光常對客星寒。東都義氣先生視，偉業雲臺一倒看。

嘉慶楚開卷雲東，偏入非隆一釣竿。片石至今猶背水，生涯如許將藏身。我緣同意增蕭相，君竟從容忘謝通。莫道

龍鱗攀不得□傷心劫沛□尚歌風

關之先逝北方亂離　念自遠為我

三十日　答孟子問一首又為釋鄴一首就正白老高讀呂叩人

注自序云正孟子章句是孟子章句有於趙岐前並有於高誘前

也韓自讀文孟子博士時正有之　呂氏春秋鄴字凡五見

六月小建癸未　十一日小暑　廿七日大暑　二十日初伏

初一日辛未　讀明夷待訪錄　候禹言觀所作擇郡

讀亭林致黎洲書有云壹從墨塞勤流覽重向楓江證起居注讀中年光景好吟風月注蟲魚早年東南兩大師遺編都從帝王纘緒下了業根經術於信明帝是日知全憶王氣久銷廢爭及閩中流寓多錢為奉春參一策地形終不在山河

初二日　與夢石[illegible][illegible]三兄同杭吟老飯於精舍　讀李二曲王船山諸先生可略

初三日　訒齋自江陰歸　贈我南菁札記六冊　都十四種　曰尔雅稗疏　曰
前漢紀校釋　曰後漢紀校釋　曰讀四元玉鑑記　曰讀代數術記　曰圜
賸演代　曰代數盈朒細草　曰古文官書　曰倉頡篇補本續　曰篹
要　曰桂苑珠叢　曰桂苑珠叢補遺　曰括地志　曰兩京新記
初四日　答曰招飲　讀啟亭林事略　看尔雅稗疏　江陰繆
楷撰　其能字以集考訂以求義〻故者發揮　予益嘉
日襄德〻不孤也
初五日　候訒齋語欲過仲韓　仲韓為仲純買鐘鼎款
識三種　識不以富与貧以異　富者備也　貧者嗜也　胡晚能

又歎其用情不以語之儁而徒見其岐所說義也

縣官又求雨

初六日　碩純有事歸去為起屋改課藏　看爾雅釋疏

初七日天未明時微雨　母親煮水灑嗽詠齋方良已

初八日　過以蘭

初九日　讀章學誠婦學篇　海秋過我　晚雷雨

初十日　碧辰老先生日辰約君疇同過白老

十一日　閑輝　讀柳冀南說文引經尚書篇其云上引經下稱古文作某

者其字即其經之古文也議極精細當從之　午前微雨

十二日　李慶以陸鴻文永年票握如臨常者書神攝蘭錢二句為題屬為

蝶戀花一首送去。讀述學過，有友人索題扇者，因成七

絕一首云：讀江都述學初篇，傷心廢苑蟬嫣如何看竹

雲蘭韓又獲風範不少，韓　讀論語于蘇屬風問詞

予擬參詞中推想而得者，如定公問一言而可以興邦，言強人意

葉公問政即問遠者何以來，子貢問政即問政何以以遠成勝者

達問所以聞在道路而乘而取也　過子湘家白

十三日　看馬貢易知録　遇焉言仿贊　午偕子湘約同過白石

孟蓮有花意

十四日 大雨 祭昨日書不顯 快極 晝雨竟日

校史記孔子世家畢 以白本解本勝 看張孝吉爾雅詁南菁叢書之一也 朱衡先生昨有函致謝 已詳云以● 照予其書凡八集 第四第五兩集皆院中人撰於以見 益吾夫子觀覽多士興起作者之意甚盛厚也

十五日 看子壽說文職墨 同雨亭葛論 余自寫不及敦文氣韻渾厚

十六日 午後雷雨 閱成容鏡心葉文錄 孟子泄泄猶沓沓也 云音訓相兼猶庠者養也 校者教也 序者射也之例 說在釋采條 又釋祭名一似偏闕

碑首開。東嘉之人謂食而飽者曰餕，即說文餕能食●之義引申也。

十七日　晴，晚又雨，風雷大作，夜雨尤甚。看管禮耕採輯唐遺書。

十八日　自昨夜至今晨雨不止，階庭已河，水半深三尺。柿軒巷戰鐵肆前老柳一株為雷所斯，說者謂中有物云。雷象回轉形，霆雷餘聲，電為易激燿也。說列雷在電前，霆在雷後，穀梁子云電霆也是已。大戴禮曾子十八篇中多老子文，蓋曾傳老學，故荀子問不篇四述老聃說也，以駁問難不能云云。今世老學漸盛矣。

不崇星顔渊也

十九日晴 從子湘假惠氏漢書補注 訒齋過我談竟夕

二十日 襄荔精舍文稿 看泰西新史攬要 兩孝敢左文襄奏議 楊鎮兩郡紳於者東還商量兵事頗棘云

前日過肆見有用才錄釋例及蘇游錄未與議價今再去尋之蹤迹杳然矣

二十一日 看泰西新史攬要 丁日昌侯禮於徵搜輯頗備

二十二日雨 老子云甚愛必大費 前日寓內著叢書甚目既畢序 沙寧窩硯置於案頭庭罷兩儀寫轉令還損耳受傷也

二十三日　祖考周忌

二十四日　為人題周子濂讀書之圖，云：太華左麓，六月暑歇，徂息心望

蓋蠶，我馬行馳驅，導時覽後徑，復後言謳，李君意珠勤

勤耕農（作圖者）。圖展觀大題字，曰晉周孝侯，爲乎孝侯？後[illegible]臨戰兵

兵艱，忠誠惻民，處義氣昭千秋，不觀橋系擾，不避形駢仇世

皆謂處仇，誰知孝子仇。投水搏巨蛟，入山射於虎，移破廓[illegible]

秋浪，比喜向遠，默讀三十篇，夫豈篡越年，遊走[illegible]，[illegible]屋

躬[illegible]聖遠矣，[illegible]，[illegible]，蓋[illegible]，[illegible]，遠生千載，[illegible]，圖[illegible]

誠謹亮[illegible]，時[illegible]，[illegible]流嗟，沈[illegible]，閉户讀一遍，讀書求[illegible]

過禹言

二十五日 讀通鑑第十五十六十七卷

二十六日 讀通鑑第十六卷 孔臧世守經術 食瓜

晴 晝 天氣甚熱

廿七日 天暑甚熱 讀通鑑第十九卷 熱不可當

晝辰之雨西北一陣 下午時尤鬱熱

廿八日 仍熱 完白指餘未去 歸新史詠唔

閱張川第說文 揭原印說文部首也

二十九日 讀莊子養生主 熱甚過我 熱

七月大建甲申　十四日立秋　廿九日處暑　初一日中伏　廿一日末伏

初一日庚子　伯祖考生忌　追懷去時正當盛夏長晝自日出至日昃從[illegible]侍不暇寐[illegible]當午輒默坐片刻　易所謂自強不息中庸所謂至誠無息　蓋如是也　往祝李清太夫人八十壽　讀莊子人間世篇　寇莊為韵據說文寇當从攴完之聲　今本脫聲字　前日白老曾據及此語完聲作此讀　若候切余謂此亦語緩為讀讀例也

初二日　去年種竹今已生笋　讀通鑑第二十卷

閱孔廣森經學卮言

初三日 晴 前廿甚不適 以目亦為生煩 晨起仍傷痛加劇除

大快大快 讀通鑑第廿一、第廿二卷 漢武紀畢

初四日 讀通鑑第廿三、廿四、廿五卷 司馬溫公曰 以孝宣之明 魏相、丙吉為

相 于定國為廷尉 而趙、蓋、韓、楊之死皆不厭眾心 其為善政之累不

大矣 按此則所謂丙魏有聲 于公寬大亦有名無實耳

初五日 讀通鑑第廿六、廿七、廿八、廿九、卅卷 共一函已畢 候銓段

初六日 雷雨 責初栽叢桂於東軒 左一 并茂 左一函今

乃發　讀莊子逍遙游　杜甫西枝村尋置草堂地云

茲奇誦閲塞道之屬者莫不欣　王維老將行云衛青不敗

由天幸李廣無功緣數奇　唐人皆讀數為命數之數　按

漢書本傳孟康注奇隻不偶也　如淳注數為匈奴所敗為奇

不耦是數奇當屬奇也　當讀所角反　雨後轉涼

初七日　祖齋招飲

初八日　叔翁四十生日　芷甫弟六七日生日　碑賈攜來

唐大智禪師銘一搨　史惟則書　書家最言隸法

精密也

初九日　買得北齊蘭陵王高肅碑　自云字長恭　按史名孝瓘　一名長恭　當以碑為正　又得蘇靈芝書夢真容勑　高肅碑金石家所載

初十日　讀孔廣森公羊通義　其釋文王為作素布政甚善　看海國大政記　天氣來又熱　是日當中伏之半也　黃山谷題浯溪　筆致雄強

十一日　條白老諸所論太至經　讀公羊通義隱公篇畢　左穀是者孔巽軒取證不拘門戶　此之謂通　看海國大政記　蒸熱已極　午後得大風雨良佳　夜又雨　晚來氣象定可觀

也　市上已見新稻，每石值千四百餘文

十二日　雨　讀公羊通義桓公篇畢　和人白桃花之上闌菊清吟

讀禮魂之魄無言，歸白素以存胭脂，浣雪三春淑姿，徑迷雲太古

枝除是瓊瑤餘韻，如莫將孤芳謂同，擬肌膚淨約神人態

我憐孫齋謁道門　午晴，過子湘

十三日　盆蓮已開　白菡萏香初過雨，意趣甚善

讀公羊通義莊公篇　候百石

十四日　讀公羊通義閔公篇　立秋節

十五日　讀公羊通義僖公上篇　徐人取舒　孔氏說作魯頌荊舒是

戀也　枚孫壽朱介甫五十云　壽易衍議翁玉梅風生

據席鎮鯤麯女席編鈔廣藝嘉全光霞頌簡亮觴

班擲樹墨見　伯龍來

十六日　連日皆畫黜郛尹孫　讀公羊通義僖公篇畢

爲伯龍撰揚邑人歌待舟歸識帖

十七日　仍熱　雨老約同和師麗老看讀　讀公羊通義文公篇

邀伯龍

十八日　立秋後五日不熱殊涉秋而不能廓清也

讀公羊通義宣公篇　宣從弑君而言即位乖之意也

十九日　讀公羊通義成公、襄公兩篇。襄十二年傳，漢石經云顏氏無「伐而不言圍者非取邑之辭也」十二字，然則今有者嚴氏本也。

二十日　階前種白鳳仙、雁來紅，秋來顏色都自可喜，曉起視之，零露瀼瀼然尤可喜也。　讀公羊通義昭公篇。

晚閱，見述北方兵事。　舊有姚選古文辭十六冊，改裝為八冊；唐宋文醇二十冊，改裝為十冊。

二十一日　東北有龍頭，第兒夜起觀之，芭蕉動搖，天明始沒。

二十二日　蒲陶已實，采以薦新，并分貽及朋好。

二十三日　與三兄同過蔚如家，聞已有信云歸也。即過子湘。

家來伏三日錢不獲識　西溪小課以過祖蔭解左侍郎

故

二十四日　晚急雨一陣

二十五日　天氣舒涼　體亦俱快　讀六軍通義定六衣六弁　此書

從子湘所假來　已更三月　今乃畢業　亦稍濡滯矣

讀王遵巖文鈔數篇　吳南屏文●　與歐陽子

二十六日　祖廬尊公忌辰　早往行禮　孫師石蓀君坡

過白石觀所治太元其然景南聯句即韓之語云鳴君

朱刀雕鐵忘穀朋備善閑方輪易鄰

翁氏兩漢金石記陳德碑云是董其人所偽為黃初孫二娘志乃人手筆也余舊見孫二娘搨本輔卿所藏筆意雄渾與翁說陳德碑同翁言信也又孫二娘刻石吾友吟白一兄以黃初元年冬二月讀之尤神護也 ●●●●●●●●

●●●●●●●● 魏松甫來借漢書四冊

二十七日曉有雨意甚涼單衣微寒勝也孫師頤翁君兩老吟老同來一日

孟子精附彭緯值循以為印之罪君石老[illegible][illegible]

讀韓昌黎符讀書城南詩千古命兄子錄之人之能為人由腹有詩書君子與小人不繫父母且文章豈不貴經訓乃菑

余謂諸語皆痛切之至千載下讀者猶為悚然推不讀書不通經訓不為君子更不能為人矣韓公之言甚哉深矣黄魯直乃語唐詩不覺之富貴勢顯苟可鄙陋後生亘屋千里也

二十八年 讀韓愈秋懷詩之一首錄之

窗前兩好樹眾葉光薿薿秋風一披拂策策鳴不已微燈照空牀夜半偏入耳愁憂無端來感歎成坐起天明視顏色與故不相似羲和驅日月疾急不可恃浮生雖多塗趨死惟一軌胡為浪自苦得酒且歡喜

白露下百草蕭蘭共雕悴青青四墻下已復生滿地寒蟬靜背舞

寞懷嬋娟自悠邈邈川無窮雅意愛氣若黑鳥適時各得所

松柏不必貴

彼時何卒卒我志何曼曼屏首空樽飲屢然未能飯学重月

無事驟馬着邊所顧茫茫無以說邦無聊自勸歸還閱書史文

字詭千萬陳迹竟誰尋賤嗜非貴獄大哀意有在如子乃知

能

秋氣日惻惻秋空日淒淒若若枝上蟬下知墨中穢不我時節

耶目然死惱詩曉來書生南山見高積星下澄秋氣有悠寒

可嘆惜卻不似往豈須名無能
離離挂空然歷歷樞虛竅露泣秋樹高而寒夜永欲退就
新情趨華悼前植歸冥豫事塗星汲右得倩纏名深根有恥
細舊真知柳居幾遺恨尤印此是迷辭
今晨不感起端坐考日景忽鳴空幽幽月吐聰同同表而寂若迷方浮
念劉念梗塵埃慵倒倦文字浪馳騁亦須勉云强王手有能語
新夜不如晨歌白晝易暗哉無沒沒忘以以有此機云難空左
樓缺月煩屢瞰看琴貝纖經再數聽盡沒古壽久埋滅無
由見人真濫依以遂時趨若勉禮稅銘是如乘風飛一推不再覽

未發作人

不如觀文字丹鉛了點勘 據汲古閣本改勘點 字本也 嘗必求新修所要與

颿

萋萋芳艸恭隨風來前新鳴燕若呈意顛倒相追奔空堂黃

昏昏我生默不言言者千萬外已喧於耳當我前問我我不應讀我

我不寒近生西壁下讀詩書摘編鈔者如今士相去時已千萬

言有學韻詩我後悔遠所謂淵言千四萬書且我眼丈夫屬

者氣了業至窮年

香紅風侵移相聚叢青樹花空階一片下靜若搖琅玕誰是

一夜氣減了餘霄香團青冥冥依倚飛撒危難安黏起出

尸視傍檻久沈洞虛愁費盡冬景日月如跳丸迷復不計春返為

君駐層楸

暮歸客去雲層叢多股攜攜〻纏宵舞章〻搖秋明紫

自進處外憂遂侵識強懷情不端弱含缺已歷話座避語穿

寅豔館以兵敗處千〻生古井詩此寸草紫未知遂為勇異發誦

如今

鮮〻霜移中菊汎晚夕用料楊〻春芳蝶岳生還不畢運窮飛

強過燒斷死相保西風樑龍蛇眾木凋樵由來命孙兒頃滅

峰石出道

拙齋過我論詩

二十九日　寄蘭朱老致書，寄到著暝菴雜識四卷二集二卷　從子湘

所説侈談之中有

大義悚然

三十日　涼風入懷，蹣跚晚步，起坐如君未勝，移坐庵署幕帘半日

詞畢，易黎云煙，必猶可親，動我神趣矣。　讀暝菴雜識

爲言罷逐來歸集，至有異同，皆下按語，精細無備

八月大建乙酉　十五日白露後　三十日秋分

初一日庚午　讀朱克敬儒林瑣記其事皆碑傳所刊落者因點引申心正見考●●●生平自敘云論世知人之一助罔不誣也

初二日　齒際微痛

初三日大雨

初四日大風雨止　齒痛少差　雨亭過我述東駕西狩京師大亂

初五日　翟老啓老同過我　讀暇庵襍詠叢序●●

初六日天氣轉熱　訒齋過我述擬辭塞國　讀陸渭南詩●

●●●●●●●●●●●●●　夕與元●訪鍾岩　新月才上

庭桂鳥鳴秋言作時秋爽屋[illegible]畫衣

初七日　石生歸

初八日雨

初九日涼　孫師鄭老早過我　兩正子淵午前後過我　月上時與季弟同過

伯聲

初十日

十一日

十二日雨

十三日大雨

十四日晴　自初八日起鈔儒林瑣記，至今日寫畢，即還子湘。

十五日白露節。晨起以前上白露洗目，毋親近覺目花，亦洗焉。白露之露，蓋白露之至者也。曾記王漁洋筆錄中載有一方云：此日挹禾上露，合靈參等熬汁可治腎喘，惜去野遠，不獲取藏，藥亦能也。　從詠齋假求是堂叢書，編刻荊溪周濟止菴著，凡味雋齋史義二卷、介存齋文稿二卷、詞辨附論以合十五條、介存齋詩六卷、存審軒詞二卷、折肱錄全卷、本館詞錄、柳下詞一卷、儲素梅詞一卷，共九種。　讀介存齋文。　過詠齋，觀山關道姚衡先生。江陰至曉，遞事，車駕至西安，慈都某某留守，後擬議和云。

午後冀雨老候白石

十六日　閱書院小課七月官課三句經文

十七日

十八日雨　顯考忌辰

十九日晴　早行祀麗泉老與卿雨老吟老若儕印日程城為靜業菴修禊

二十日

二十一日　讀周止菴史義文稿詩稿　大風

二十二日大風　止菴撰折肱録書論書語其大要云疾澀活

二十三日大風　録折肱録一通撰過白石白石云自成一家言也

晨雨午後止　夜讀天問

二十四日　雨　讀山海經一過　朱伯純自上關來

二十五日　再讀天問　白秋海棠兩三叢與牽牛花掩映有致

二十六日　鷟生先生過我即同過三兄寓便　午後過白老藏所

話太元經　爲朱鑄先理詩　讀楚詞

二十七日　讀天闕碑　賈徐某來贈我魯相謁孔廟殘石一拓此

石或以爲孔君碑　土人又名曰吉月令辰碑　蓋以碑首有吉月令辰字

也　此拓已不可辨　三兄鷟老同過我即往鞋舍盤桓

晚飯後散

二十八日　昨日大兄四十生日，屠李先於今夕奉觴，詠霓殿修为寿客

二十九日

三十日　心蘭、研蓀同過我，心蘭假去南菁札記六冊

閏月

初一日庚子　訒齋約過談　聞衡老云有魏默深校注老子二本

讀雅存與季述書寄錄於簡端　余今年亡卅四　所談謂老

力以報先人者莫不急一讀此書　且痛且愧也

初二日　讀朱子楚辭集注天問篇　訪卿醉農老兩老同君論

初三日　禹言過我　醉農老招北郭祖詒小園　西陵小集甘盤遊京解按

說見蔡傳引蘇氏香之別道原通鑑外紀亦嘗言之　蘇說蓋自不從

初四日　過白老論甘盤予　以蘭陔人表考蓋之為甘盤也

初五日　雨日大風　寒甚蕭然

初六日　讀詩　讀杜詩

初七日　讀詩　讀韓詩

初八日　因白堯臣過臨老人圖　時案之也為未就

初九日　讀恒齋跋　以魏默深老子本義讀之　步月過白生

初十日　天氣殊近燥　又須雨潤　讀竹書紀年　穆天子傳　過禹言

十一日　微雨　讀梅村五古

十二日　讀韓非子

十三日　閱北郭新立叢碑　以清澄盤　因以蘭譜子湘松甫往觀贊至曩者為欣蘭之物而君可為譽之中午飯　過譜屋　讀恒老新得之論

寧賓藏本禮器碑

十四日 錄百石閒讀 晦之過我，遣碑賈來，買隋魏碑數種去

十五日 早過雨老、弢師、藝風老、葉鞠卿、邱思過精舍小坐 雨

十六日 晴 商團閱操，凡百二十三人 讀梅村七古

十八日 十九日 二十日 錄廖季平今古學攷 廖嘗撰穀梁注疏未刊

二十一日 曝書

二十二日 買得漢孔少垂墓碣，又汝南周府君墓志殘，又漢碑一通，文不可辨，云出正定極山碑，核之隸釋圖，亦不相應，僕孝，又魏王偃墓志，又齊龍朔元年修孔廟碑，又白石神君碑，予舊有，今拓多殘損 桂岑招飲

二十三日

二十四日　從白石段翁氏金石記讀之，二卷首有年月表，甚善者

二十五日　張閣橋右有新國丹宇營師船十餘隻過宿，又從鹽場捕匪來者

二十六日　讀隸釋　西嶽華山碑云袁府君肅恭明神，易碑飾闕[illegible]

是進壹

[illegible]有碑[illegible]郭香察書，世多不解[illegible]

[illegible]察[illegible]察[illegible]書之耳

語錦如子

二十七日　雨夜大風

二十八日　校汲課訊　晴冷

二十九日　鹽城陳玉樹著有后樂堂文鈔

九月大建丙戌　初二霜降　十七日立冬

初一日乙巳　早往神仙閣廣東雨老君論醫　醫老祖國昨為隣大小損將理董之名為燧蘇書屋云　買得顏魯公書宋廣平公碑一揭　禹言過我賞之　田君過　孫管未值

初二日　往晤鍾蘊　錢稼生浙江人收藏古金石搨多至二千餘通余自云

初三日　讀韓非子　往看老言兄　在小華山農　在談文定本跋語

初四日　鈔汪鋆金石過眼錄目

初五日　禹言約文讌往巷園　觀田石為子湘畫

初六日　讀石笥山房文集一過　胡天游曾改姓方名騤

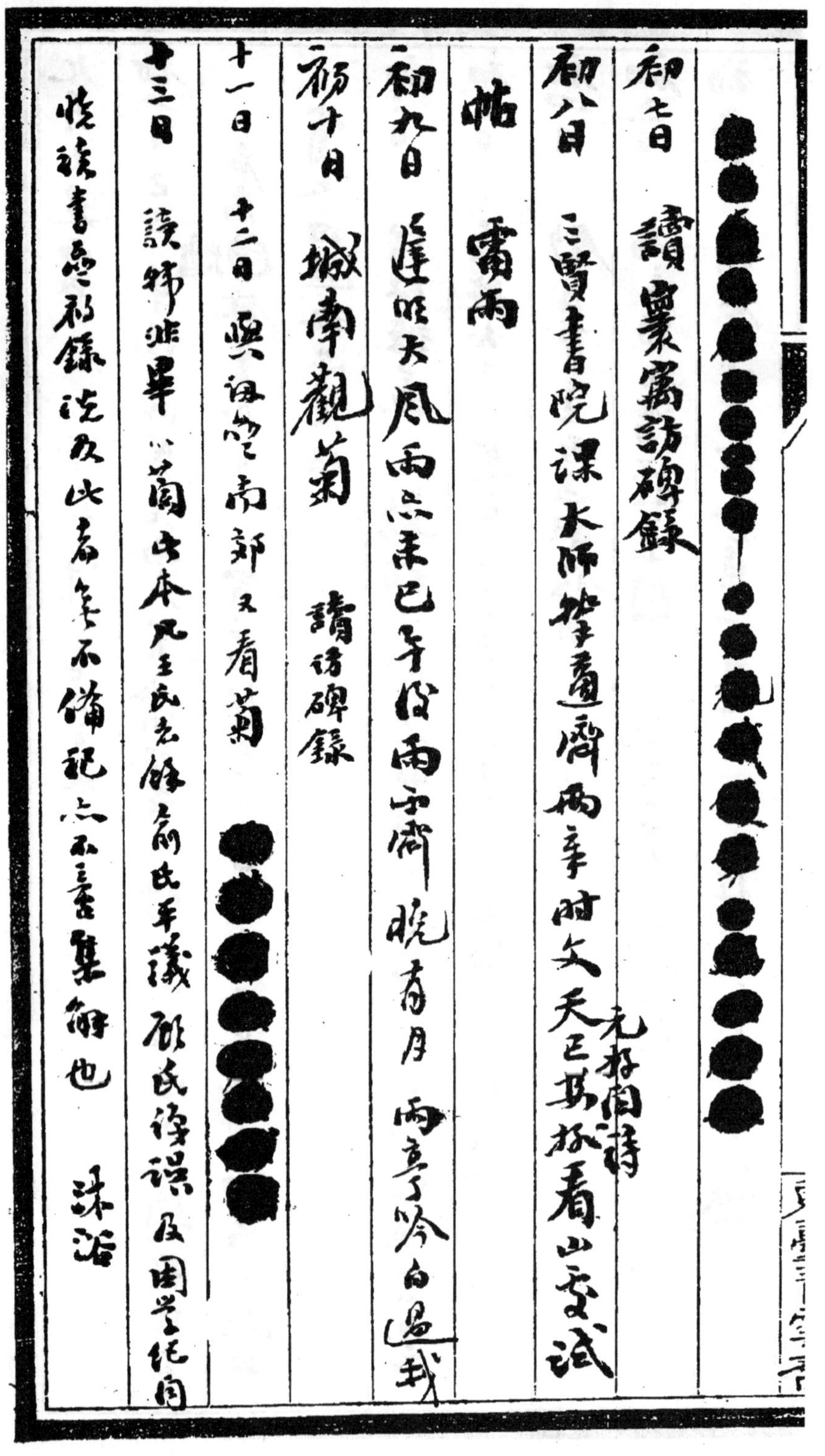

初七日 讀寰宇訪碑錄

初八日 三賢書院課 太師摯適齊兩年時文 天已具稿[元和周詩] 看山堂試帖 雷雨

初九日 逢旺大風雨亦未已 午後雨霽 晚有月 雨亭子吟白過我

初十日 城南觀菊 讀訪碑錄

十一日 十二日 與叔堂南郭又看菊

十三日 讀韓非畢 以顧氏本 凡王氏念孫 俞氏平議 顧氏識誤 及困學紀聞 悉讀書雜志錄 注及比本多不備記 亦不盡集解也 沐浴

十四日晓天露已为乃散　稀々夜秋露云　鲜々丢秋中　菊飘晓晓何用
将固夜雪一层一承々云不晓那泼将鲜々丢秋丢移中　以菖花归清翅一
例误东风自来远望耀味能留芳蝶丛乡丢起八代衰世调应
因文同北京和议　因自作菊云天地■■包　我孙花绿古香世
酒谣就晋年后记老黄岑书记杯地托々无杀草霜相铸金々
已丢■■■■■清眼宜秋来

十五日　吟白石雨亭诗　因为文论推熾馀菴家刘研生
慎句学来子湘也论语以看圆练来也
早仍露天々气甚湿　集可以着单衣

十六日　三兄詢厓〻五元退錢　恒彥為長沙徐君墓志銘出稿見示

十七日　與石存同觀恒之所藏之收圖和諸老書畫

十八日　理汝課文　讀丙蘇長字傳　過丙老論詞

十九日　讀禮器碑文皆有均　過焜餘菴靜坐主人　未丞與菊痕言　蒲村徵兩市菊十種夜遂大風此二三君子殆各〻甚邀耶不采可為逕後終不為世度浩歎也

二十日　得為菊花大半離萃　亟采一二以歸　復作詩二首云　春〻人間世相逢莫恨遲　才一弟從來上下與中興時此境終不齊定金秋類桂榜　正年長壽三元語入花花詞　其八

第为字跡模糊[illegible]後風[illegible]我之稿孫

香(?)性難制煤燒亦簡共高東孫(?)多與生賢(?)

二十一日　讀莊子

二十二日　命必子呼晚菊　二兄往鎮江

二十三日　為仍純長卿馬定名謀章程　慕老約崔仰會文譜(?)

二十四日　送白老所撰金石記勝以黃菊因定為詩云金石尽抗歐石如前代就(?)

雕肝真性命長四萬秋春淵淵乾象代能能常出人[illegible]

[illegible]日[illegible]因東[illegible]　白老改詩乃為予揚州

[illegible]菊一種[illegible]大[illegible]盡此傳為白鳳見者也作詩紀之寵[illegible]云

閱讀齊亭叟曹香白鳳皇愛人錄着辛詩我[illegible]文手

販手錄收新[illegible]等名石教高蒙陶其家君啟補註完成

時嘉慶間閩中刻太白集注先生

今為補[illegible]將[illegible][illegible]成

二十五日 理政課執

二十六日 三兒挈孝徵同游爐餘菴 未業芙蔭夕景日麗佳

二十七日 先得所以菊花叢三十種 以長几分任之 坐對永日佳趣滿襟

三兒今日生日

二十八日 祖德過我 紫祿景龍觀鐘銘 又孔子老子象

二十九日 同人再集泉刊李卿許

三十日

十月大建丁亥　初二日小雪　十六日大雪

初一日己亥　觀園令趙君曹真天發神讖碑于海豐三碑皆東武呂氏所藏園令殘神讖燬曹真晚出而難得因吾君并以全三石獲之洵奇遇也　黄小松謂園令碑趙君碑三字已缺此本猶完亦可異

初二日　碩膚為我居梨青今年大變絮蓋老病竟不作也

初三日　細雨晚晴菊色尤佳有並蒂兩種一白一紫更可喜也

讀小戴記注疏序

初五日　讀曲禮注疏　讀王充王符仲長統傳　充師事班彪論衡中有引漢事者可舉出以章班氏之學　恒念姚子石卿王太守傳持借來一本

初六日 讀曲禮注疏 讀史記袁盎鼂錯張釋之馮唐列傳 遇伯潛論緯文

初七日 讀曲禮注疏 讀後漢書周燮黃憲徐稺姜肱申屠蟠列傳 王充閉門潛思絕慶弔之禮 周燮不讀非聖之書不循賀問之好 漢儒多精至東京而此風未播也 伯潛來問說文有字義 雨

初八日 雨溪小課 坎為血卦離為乾卦解在治包異文攷

初九日 血乾皆病名 與上加乏處以屬爲二病 大腹為類 吾郡人呼老而枯瘦者曰人乾 即此乾字也 擬稿就而後已 讀吾粵鼎專當讀惠之譔古通論語小讀書●誤作惠即是證名無惠者猶名無知不誤也

釋為鄴以誤，阮元[illegible]語是藏于孫河間，之子泥阮字樸學

之著寫也　霍光傳　著寫字兄璋書　高日鳩王鳩卯鴻字泉雅鴻代也鳩王[illegible]代王

書　成誤作朕股肱耳目[illegible]也[illegible]阮[illegible]大王[illegible]不光靜貞卯征之殷字易子夏傳貝

正也說文有征又有延，[illegible]蔑同[illegible][illegible]猿延[illegible]猿延例語征伐反倒也南

更鼎首，伐反帀方之文，彼云伐反，此云直例[illegible]正一例阮成王篇直羅之訓

紀也帀方猶語淮夷曰帀方猶猿[illegible]帀[illegible][illegible]鬼方也有宣鼎伐反帀方之

又云王命仲先相南國而仲倗父鼎[illegible]云周伯邊及仲倗父伐南淮[illegible]背一時

子鼎云司徒南仲右差奇入門[illegible]南仲[illegible]諸常武篇之[illegible][illegible]王奇冀占與八

之同[illegible][illegible][illegible][illegible][illegible]阮以帀方為西方大謬

戈為周戟以上下文例之當是戈玉周戟四字阮釋為戈琱戟之非周戟即鄦戟按王說言甚是也

初十日　過襄苡精舍坐談　有孫師白老吟老雨老　禹言過我未遇

十一日　讀凌次仲先生年譜　三之借去文選　荀子集解　讀韓文

十二日雨　向於易氏處借書見古今圖書集成中有經義考一種唯易與書經三闕佚今閱其序乃知朱氏進呈時本止兩經也　禹言過我

讀曲禮注疏

十三日　易氏年約同詣會儀子淵茶話即過白石恆齋處討論金曹鼎　閱亮已由揚州買船歸來　不日可望到家

十四日　禹言為我買得讀史通雅　經義考　校禮堂集　更生齋集

■■■■■■■■■为诗以记其事云伯兄郎■作歌称

震唐请命者蜀象寓言多载星台人意有■■■■借■文章呼唤宋

罗泌述■追随康山儒未能了乃后腾雄黄■所著考据粤惟笔与

杨■■通雅出慎记走且僵阅胡氏多林差号相类颇上下■百年

经义终沈杨龙素布文学■■■■■■■■■■素郑■■■■■■

■编録三百卷承学谈释因果谈经莫先礼至且称礼堂同附洪先生

至图霸翰藻更生撰刘向知由经■方　天子宫所厅■■■

■■■■■篆若所■■徒粗糠小子生■脆■■■■洋■■■

读书之乐■■■罗方年之炫曝奢腹中数虽穰订示阳蔡子

济中郎 道义卅切磨 言动勤补过寡 归静 犀籍益进 节

孝先 钱 甚勤学 寒暑读 琅

寿年 康 果枉 读史深为他人所惜易以读书 余旧已作书困钞录

十五日 为三点去为钱贯湖路方处四书握经读史正古集之经史集

印经为言 二先自镇江归

十六日 陆云招饮 ●北风骤冷 迹一如昔矣

十七日 又买书数种 伯元亦买士礼居丛书陆宣公奏议诸书

十八日 张公臣赠我求志堂稿 因以汉晋相调孔庙碑报之

十九日 严寒三日 今稍稍解 屋角菊花犹存

二十日　看劍俠傳　秘書廿八種之一也　朱生所得物　朱生為我買

京口山水志

二十一日　虎臣過我　讀更生甲集一卷　熙載藝概二卷

二十二日　白虎通聖人篇引論語聖乎大人舜　非別論語中語也　當為逸

讀更生齋甲乙集　看藝概二卷

二十三日　蒼生自金陵來　快論半日　讀更生乙集

二十四日　與二兄同候蒼生　讀更生齋乙集　又買書數種

二十五日

二十六日　看四書反身錄

二十七日　重裝大清律例統纂集成共十二冊

二十八日

二十九日

三十日　芝生過我同過白石游南歸

十一月建戊子

初一日己巳冬至 申初一刻十二分 朱生石生雨江生及兄子紫宗同鈔魏默深

老子本義已成校讀一過 子湘念白松甫過我

初二日 三吳書院小課儒者出任以為甲胄之問經文王風以百為雜說仲長統修書

跋吳野人陋軒集後補竹百厮雅倩寇君一年 健厮從陸下後倩寇君為均佳

王如齋國子董誠帖問佳字

初三日 擬文賦詩各一

初四日 擬經說書后題各一

初五日 蔣生回省段煒條黄生談即以送別

初六日　齋沐

初七日　顯考在時六十為生辰　夜夢考硯　余以書四冊題曰友于便讀　謹檢一過中皆記古來兄弟事　憶余於昆弟多有闕失　吾父冥漠中特用訓誨　今而後敢不省改哉

初八日　看四書反身錄

初九日　恒老葉居於南郭　今日還居　句老為撰門联云　開門延夕照　繞屋有寒流　蓋其門西向而四面環水也　雨老邀我諧韻

讀更生齋詩　恒公蘭述其前所為西溪游記

初十日

十一日　晚與二兄同過白石　過心蘭

十二日　連日疲於應酬　改理課文　吟老示余三朝北盟會編手稿

十三日　風雨早有雷聲　和師吟老齋老恆老为消寒會

十四日　仍陰雨天氣轉晴稍冷

十五日　壬辰秋訪嘉興書市得吾鄉賀黄公所藏宋史新編一冊中有為

唐宋家國（偶檢閱）雅吟　白吟老示我急印跋并詩八首　陰雨

老子送孔子象　景龍觀鐘銘　並裝成

十六日　子罕言利　罕嘗讀如禮記罕譬而喻之罕　語言及利　命仁則不为詞費也　與白石同觀景龍鐘銘　據書學編云近時崇揚州楊賓書擣一本寄世　書學編又云鐘移皇甫看三月白老藏本是　樹家傑印本此稍[illegible]

十七日 早候雨亭白石 改理課文

十八日 李啟廷來同春社 讀魏默深老子論

十九日 讀儀禮注疏上下篇畢

二十日 改理課文

二十一日 消寒會第二集

二十二日 海帆過我 述改園為練大姊刪汰精選 得卅四人 雜異不通

昨夕勞於應食疲乏 夜間南郭茅屋失火

二十三日 早起仍不適 雅衡先生招食蟹 雨

二十四日 讀四書反身錄論語學而為政兩篇 伯嘉为我辦書

廚兩架已成今日送來

二十五日雨

二十六日風雨至作夜乃大雪 二兄招碩庵生翔衡紫泉孫雲午飯語眉

大兄及余主客日來季故暇相稱云

二十七日大風雪霽 看宋史姦臣傳

二十八日清寒 第四集昭老大辟 看朱子世家

二十九日看四書反身錄 大雪甚快夜更以雨笠屋漏徹曉未已

爾雅十一月為辜郭注未詳辜即枯之叚借何疑未言耳徐皆為

干支部篇未釋月名當補之

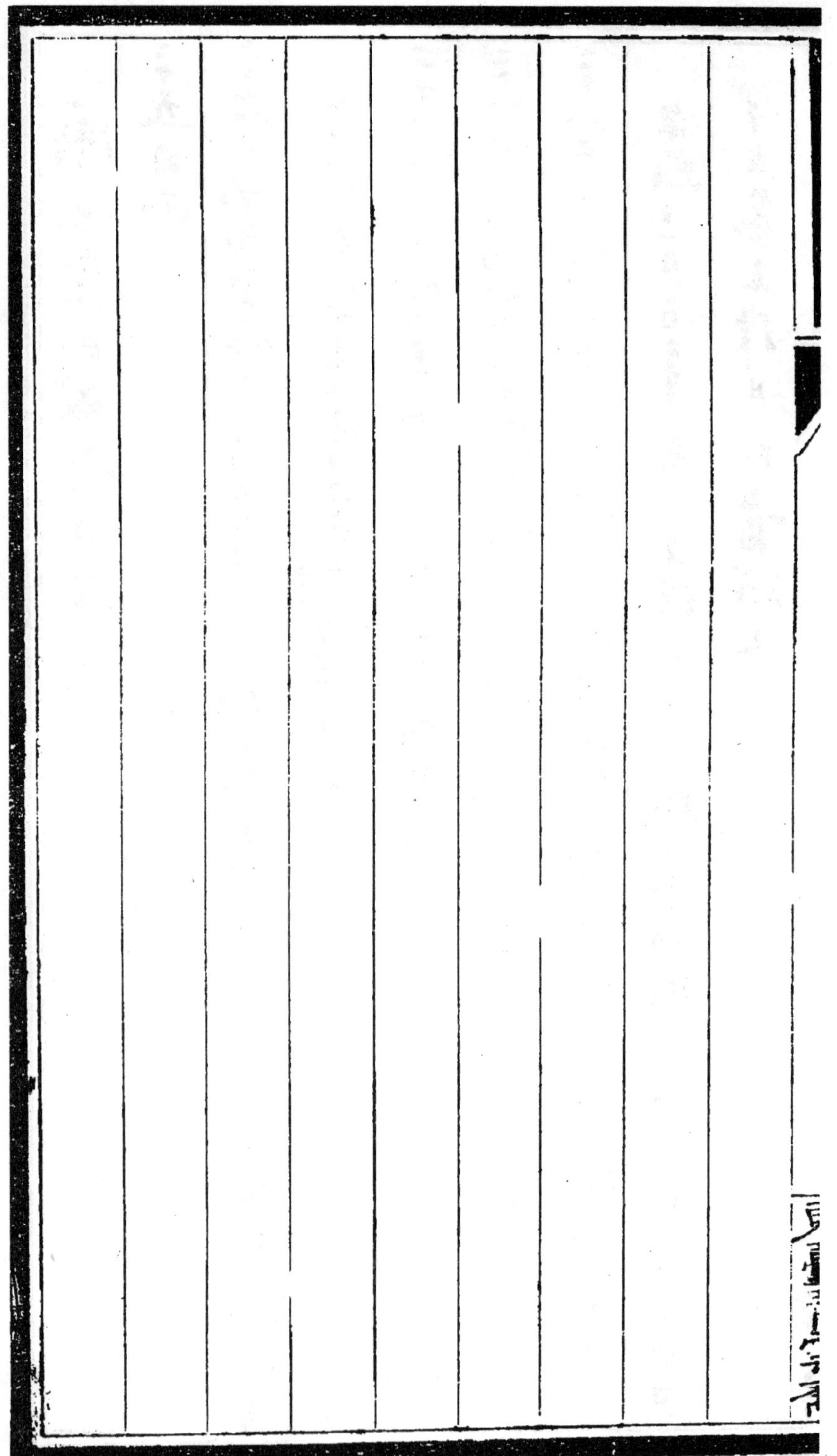

十二月大　建己丑　初二大寒　十六立春

初一日戊戌　雨　四書反身錄卷二云：人子思孝其親，不可不砥礪其德，德為聖人，則親為聖人之親；德為賢人，則親為賢人之親；若碌碌虛度，德業無聞，身為庸人，則親為庸人之親；甚至寡廉鮮恥，為小人匪類之身，則親為小人匪類之親，辱親莫大乎是，縱日事五鼎之養，亦總是大不孝。二曲此論可謂透闢，然則人當先有廉恥，而孜勤勤於德業，庶幾免於小人匪類，而超乎庸人，以躋賢聖矣。卷五又云：士人有廉恥，然後天下有風俗。

看四書反身錄畢，凡八卷。卷五言團練鄉勇、招練義師，卷七言編

曲辰以全書之北面易易刊有同水利書及泰西水法勸取刊布鄉社
今人之苦見其閱云之而不見至雅意之與曲辰之大略也
看彭定求儒門法語
初二日大風甚冷　讀曾文正文　吟白雨仝過我
初三日　看宋史道學傳　峯老招飲於丁樹別墅　衡老為[illegible]詞十六首
情韻豐美　晴和
初四日　頌晴軒[illegible]吞生所印摹本[illegible]詒　吟白來題詞由八[illegible]
鼓為之云　開織隱之作寡[illegible]徑寸[illegible]爭日月光四字精出三字[illegible]
詠明字胜名[illegible]　山河收拾向臨[illegible][illegible]恢復[illegible]人[illegible]張相彈[illegible]良工鐫金石[illegible]

皇天后土此心明

紅羅旗幟動河洛錦錯

君子鑄大鈞須子細但為銅印莫逢腰

叢鞭揚浪起

風雷大地今看驤翔東我欲功名申預從澄清涂是御風來

環寶困依只有緣交游爭説項斯傳家長物添些詩書印

縱知不受錢 細雨竟日 與諸生講孟子不動心章

初五日雨

初六日 雪 閱課文

初七日 晴 看薛叔耘海外文編

初八日 謁精舍午飯 孫師爲季禹言先德屬序 出示諸君作後過

恒齋

初九日 改課文 過禹言 見孫衣言遜學齋詩鈔 卷尾有岳忠武

墨梅 瀫芸大令李詩一首云 先生手中一寸玉 馬上烏珠真

孫孫 精忠豈獨岳家軍 姓名能制婦兒哭 江州授牘[illegible][illegible]

公亦越江山入夢中 宣和鏡玩青城土 膽有朱仙淚血紅

夜雨

初十日雨 李湘舲招飲 坐有駿居桐孫慕韓暨修內窯者

也 還錦加子四蘭 周易首乾 歸藏首坤 連山雉首

首屯

十一日晴 三兄禹言同愚過我約往東野探梅月上乃歸

漫無牆壁惟栽樹坐對煙波抵放船 泰兒過丁橋草堂 攜同侍 情景書真

十二日雨雪 一更時天霽月出上下光明 看通雅一冊

十三日晴冷滴水成冰 看通雅一冊

十四日 散學

十五日

十六日立春 偕羣從子弟游南原 晚集恆齋州署為消寒會

十七日 以洋朱一枝易得水仙一本盆一具方架一坐石菖蒲盆一

午

十八日 大風揚沙 恆齋招飲

十九日 二伯十周忌期 天氣晴和 鄭孝胥詠紅梅四首云

剧人意苦難春 生枝頭最動人 已借風霜成爛漫 那教桃杏比

精神 欄前霽咲寒侵手 樓角尋詩雪滿鞋 踏景雅須秉燭

搖紅影裏定誰真 濃香竟日繞房櫳 絕豔橫斜鬢簇紅 疎

綠自生春 本非真花宜著鏡 錦中 春回不到詩初就 煖入朱唇

菊未殘，卻怕先開還易落。縱添帶醉倚柔風，冷落詩人瘦不

聽風懷銷暑費維持。新擁流水相逢地，總代朱顏一笑時。夢斷

江南花落之書來鄉國樹垂眼，眼正覺異鄉鄉莫為徽顏評玉

肥。一段幽光初破浮，葉枝奇意已含脂。正好雪重終難盤，猶覺真甜

只半酣，酒醒作難和雨墜。詞成便穩不紅園，誰情肯省得東皇

耿耿丹心猶未灰。　米生歸去

於三兄處見序，但述其鄉居政葉葉之善，去有可觀。筆來此邦

從事園林者頗多，滬園首唱，㩦餘庵和之，丁橋竹墨又和

之，賢人在野，殆其徵與

二十日 母親壽辰

二十一日 與三兄論文 看營城礦記

二十二日 精舍消寒 弗臣招游北莊 舟行往返計程六七里 歸時月上天

二十三日

二十四日

二十五日 讀史記封禪書

二十六日 湯家園地方茅屋失慎延燒約十餘家

二十七日 再游北莊 六年前曾為弗臣作亭銘 弗臣以為石將所書勒之

二十八日　為恒考擬文

二十九日　瑋臣過我，同過白石生有雨亭，諸中外古彝銘文字，又見墳及古碑。朝鮮王妃象。

三十日　讀文史通義。

光緒廿七秊

魯學居日記

辛丑

魯學居日記
辛丑
光緒廿七年

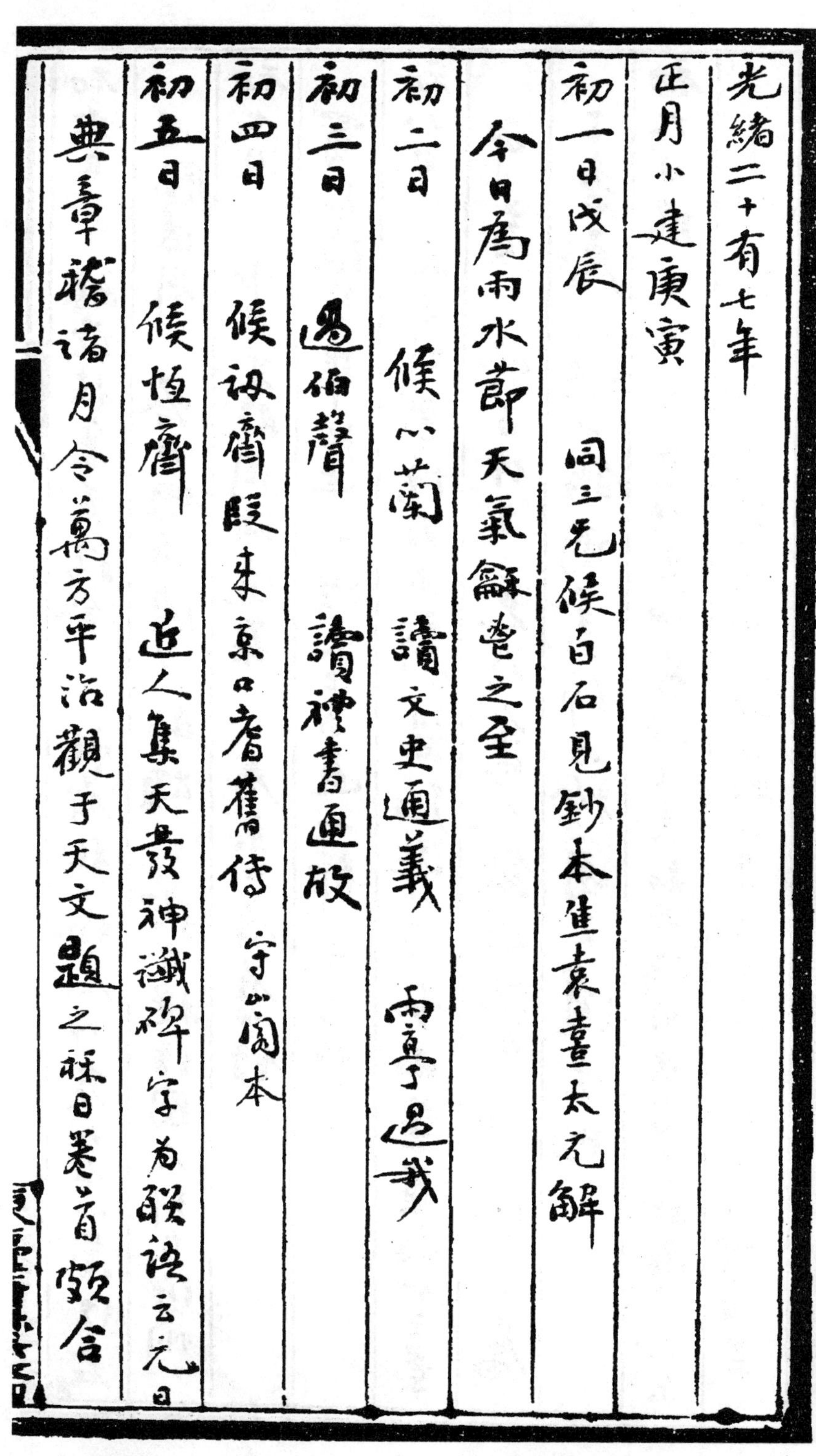

光緒二十有七年

正月小建庚寅

初一日戊辰　同三兄候白石見鈔本崔袁壹太元解

今日為雨水節天氣穌燠之至

初二日　候心蘭　讀文史通義　雨亭過我

初三日　過伯贊　讀禮書通故

初四日　候誨齋叚來京口耆舊傳　守山閣本

初五日　候恒齋　近人集天發神讖碑字為聯語云元日

典章稽諸月令萬方平治覲于天文題之祿日署首頗合

初六日　醵飲於襄荷精舍　恢齋往江陰　孫師及百石、心蘭諸君

同往送別　吟白擬為適廬師頌　伏生授經圖石刻在沂州

初七日　雨臣來　假周濟遺集　看京口耆舊傳

買得海鹽畢弘述所撰六書通一部　凡六冊

初八日　仲英贈我埃及石刻　是張燕先手拓而黄蕘伯付之棗

即看吟白、仲英三人及余四人飲於煊舒庵　吟老處

子香為六鴻一鑑圖並錦六檜圖之遺意也

初九日　風　京口耆舊傳卷四　蘇頌子容　知丹陽縣　建壽堂於廳事之東

華村迎侍往來道人榮之至今呼曰相公堂　道有餘澤　蓋水以濟漕渠

華久陘塞北此華告旱京因旱荒民談湖廣地之宜易富斗門十

數以是澁淺是華民不知饑從是湖水者餘為私兩便又季子摸知母

陽縣丞會令暉撫宦且二年時高麗入貢吏並緣為姦所過騷擾先

乃為備故使者過而民不知華飢則賑濟朝夕歉歸民被賞重

初十日　連日腹痛遲明洩瀉服薑湯普洱茶

京口看舊傳卷子陳東為書别其家人注引盡忠録所載家書

後附一條云六十郎石青曾慶劉福趙慶吉能如前帶小李到

家可一一多與錢刈吉能固諸僕之一也　原注載家書有東隨身小李子并付六十郎并諸僕攜去之語

吉慶過我

十一日　雞鳴時仍痛瀉　讀文史通義畢

十二日　瀉已止　章學誠稱方志之善者曰范成大吳郡、羅願新安，此二志守山閣皆刻，當從毋齋假觀　讀校讎通義

十三日　雨亭、禹言、貞石從弟過我　夜復痛瀉

十四日　讀曾文正文　三兄過我　痛瀉少愈

十五日　驚蟄節　明日　散步至西溪

十六日　昨夜微雨午晴　貞石假通典八冊　州郡、邊防二類　還耆舊侍御齋　靜坐閱島[illegible]　甚樂

二兄種蘭庭階　同雨亭南郊看梅　凡本樹一　猶存四朱

讀莊子外篇　過白石

十七日　讀莊子外篇　禹言之宗人新其家祠既成屬为联語以蔭之因輯中郎文云斯是出由都周鍾鼎彝尊揩學功勲垂光來世歸屬以盛歷績依衡像緣稚那祇祀寶神乃俯祇歆　與弟口弟每往看梅　過禹言　得漢崔駰傳顏

同昭仁於度數李注未詳惠氏補注不知及此否

十八日　讀莊子雜篇　春氣盎然有放風箏者　古文變化錯綜之妙莊子盡之矣　訪蘅過我　同二兄看梅蓋三日三往焉米梅已開　去年見鄭孝胥詩有云斷橋流水相逢地絕代朱顏一笑時

不意為此境寫照

十九日 讀莊子内篇 六弟來閲以雅以南 午後大風夜雨

二十日 新種蘭得雨生意鬱勃 為朱舜卿理詩

候白石見王研蓀所為桐及他吟十六首 雨亭過我 酬陽音討論

以莊子讓王椆水作椆水大樂

二十一日 晴和 以雅以南毛鄭以異實同雅古讀夏南為夷舞

夏夷正相對二雅二南之説非也 日石過我

二十二日 石生來 靜坐時覺有花氣如瑞香者不知從何來

也 日仲聲看梅 九九[illegible]畫 觀韓翔元詩古韻龕於

近經其説限國樑事未得其實

二十三日　讀荀子禮論其云故人一之於禮義則兩得之矣一之於情性則兩喪之矣故儒者將使人兩得之者也墨者將使人兩喪之者也與孟子闢墨者旨同孟以性善正之荀以性惡正之也

禮論有月朝月夕楊注月初月末也按今有謂月初爲月朝者多言月夕當月末也　楷下朱校照錄　補注禮論卜宅一條

伯贊來述所見李笛卿遺稿絕句八首

二十四日　作書過我語同以傷生而不質理之多橫蓋不也聖人云百世不知百世三千年其指今日與　午前微雨

二十五日　三兄招集於丁樵草堂　坐有和卿　白石　岑伯　歡吟　以祈

為滙少師題　復校史記將相名臣年表

二十六日　校史記禮書　樂書　李斯諫二世曰　放棄詩書　極意聲色

祖伊所以懼也　輕積細過　恣心長夜　紂所以亡也　此表語　不失為荀

卿弟子　子湘過我

二十七日　與二兄同觀東嶽廟古松　吟石過我　偕往學部

看梅　重刊李御詩已裝成冊　雲衢索我一部

校史記律書　碩齡偕朱生來　過松甫

二十八日　再集於丁樵　預備禊事　和卿　白石　雨亭　禹言　蓀

石及予昂字也 以蔺未至 張及石刻說在郭嵩燾出

使日記中

二十九日 看洪亮吉弟子識箋釋 子湘招飲

二月大建辛卯　初二日春分　十七日清明

初一日丁酉　校史記補書　盆蘭去年著一花今別四花蓋其神全也

初二日雨雜雪珠　昨裴老子送孔子象白石爲我題記

豐泉招飲同游燼餘菴即過海齋觀蘭　種荷

芸生自金陵訪我漢射陽石門畫象彙攷一本上元張霞依輯

初三日　校史記天官書　麐生爲過我

初四日　校史記天官書　六弟來讀孟子

初五日

初六日　為子涸校句容志藝文

初七日霏雨　祠山神為漢張安世　方志岳援大學類是　句容志

初八日微雨　讀古文苑所載岑君德政碑與容志文異者甚多

理段課文

初九日微雨　訒齋約遊南園觀玉蘭

初十日大風晴　三賢書院甄別文題子在陳曰歸與歸與一章

十一日　子涸為我買得連筠簃叢書凡三十六冊百十一卷　韻補

五首晚業　韻補正刻在亭林遺書內

十二日　孫師鄭麗老同集南原

十三日　讀曾文正奏議及書札二卷　讀群書治要仲長子昌言

看蘇駟樓文稿　史記孔子世家●不知所以裁之上有吾字疑刻此言是正贊美狂簡非無斐然成章無須裁也

十四日　曉聞雨聲　亟起賞之　讀群書治要桓子新論其稱舜皆日至翁　午後大風揚沙　天色昏昧與朝景迥別

十五日　風霾如昨至夜乃已　讀朱子語略　此書為宋楊與立所編

閱胡金陵甘福校刊者也　凡二十卷卷末有姚鼐跋

海齋携示恒齋近作摸魚兒詞

十六日　鈔補韻補正脱簡　讀朱子經說畢　看陳第屈宋古音攷

覆胡粹雨少詹陳作簪字候核

十七日　郊游

十八日　微雨未點　錢仲英自杭州來，云過鎮江時江水清三日

看趙翼簷曝雜記　整歷政課二紙

十九日　看俞燮癸巳存稿　粵督陶模有改科舉奏疏

二十日　過甫臣觀所種棗桃梧桐松杷諸樹　看癸巳存稿

二十日　看癸巳存稿

二十一日　過白石

二十二日　從詠齋假古韵標準

二十三日　詠齋過我　看古韵標準　江永五音四聲古韵表　粵雅堂刻

二十四日　撰聯挽李和清之　荀御登龍同郡至今推鉅子　萊衣彩從懷爲舞終古失嬰兒　李猶有女也　看癸巳存稿

下午微雨　移種諸葛菜數本

二十五日　看癸巳存稿畢　凡十五卷　晚看古韵標準

二十六日　同雋清白石過南園看海棠　陰上微雨

二十七日　過詠齋看山茶花　宋趙德四書箋義發揮朱注極詳　守山閣刻

讀夏炘轉注說　彬甫過我

二十八日　校畢跋漢書　伯羲跋大清會典並學錄　西溪書院為伯羲艸一卷　詠霓見同來午飯

二十九日　雨亭過我

三十日　雨

三月小建壬辰　初三日穀雨　十八日立夏

初一日雨　丁卯　釐文

初二日雨

初三日淡晴　同人脩禊於丁橋　辛夷始花

初四日　飲蘭谿岑過我

初五日　雨亭過我　去年穀雨後五日牡丹開今已過穀雨三日花辰遲矣

初六日雨　文王我師也周公豈欺我哉趙注師文王信周公言乃知所法則也似較朱注以上句為周公之言為勝

初七日微雨　讀杜詩　看小學考

初八日晴　早起巡視庭階　生意盎然　二兒補種白牡丹一本已活

過研齋看山茶花　寫寄恒齋一緘　讀杜詩

挈兒子輩至南園看辛夷　晚看甌北年譜

初九日　牡丹紫色一叢含露微開　讀荀子

精舍晚談　半香孫師雨老　看廿二史劄記

初十日　牡丹正開　攢華競秀　顏色視玫瑰稍遜　此本去年

作花不多　今歲盛放　其蘊蓄者深也

大伯父壽辰　新竹生孫　牡丹至午刻又開兩華　一本四枝

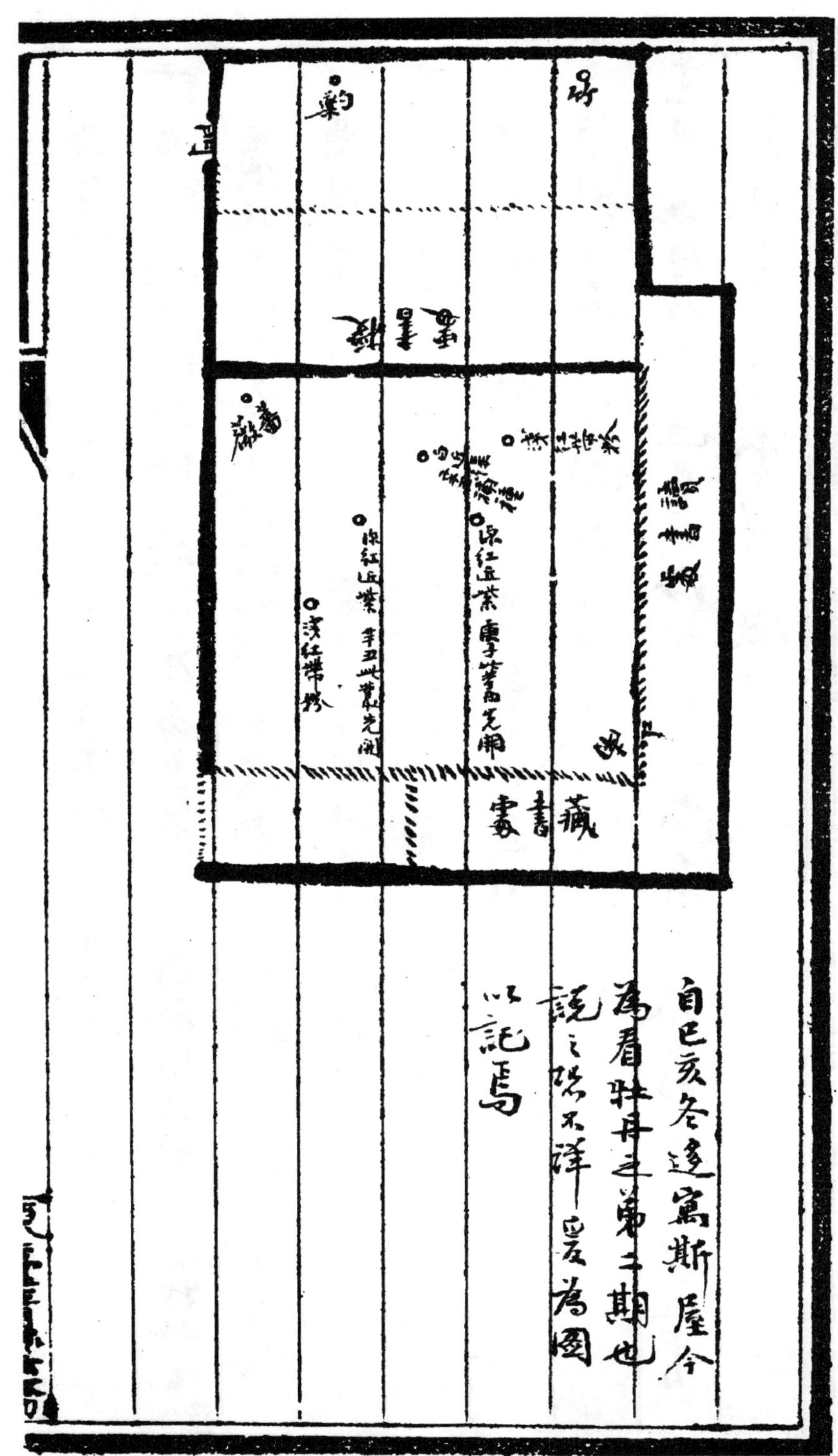
藏書處
自巳亥冬遂寓斯屋今
爲看牡丹之第十期也
說之略不詳處爲圖
以記焉

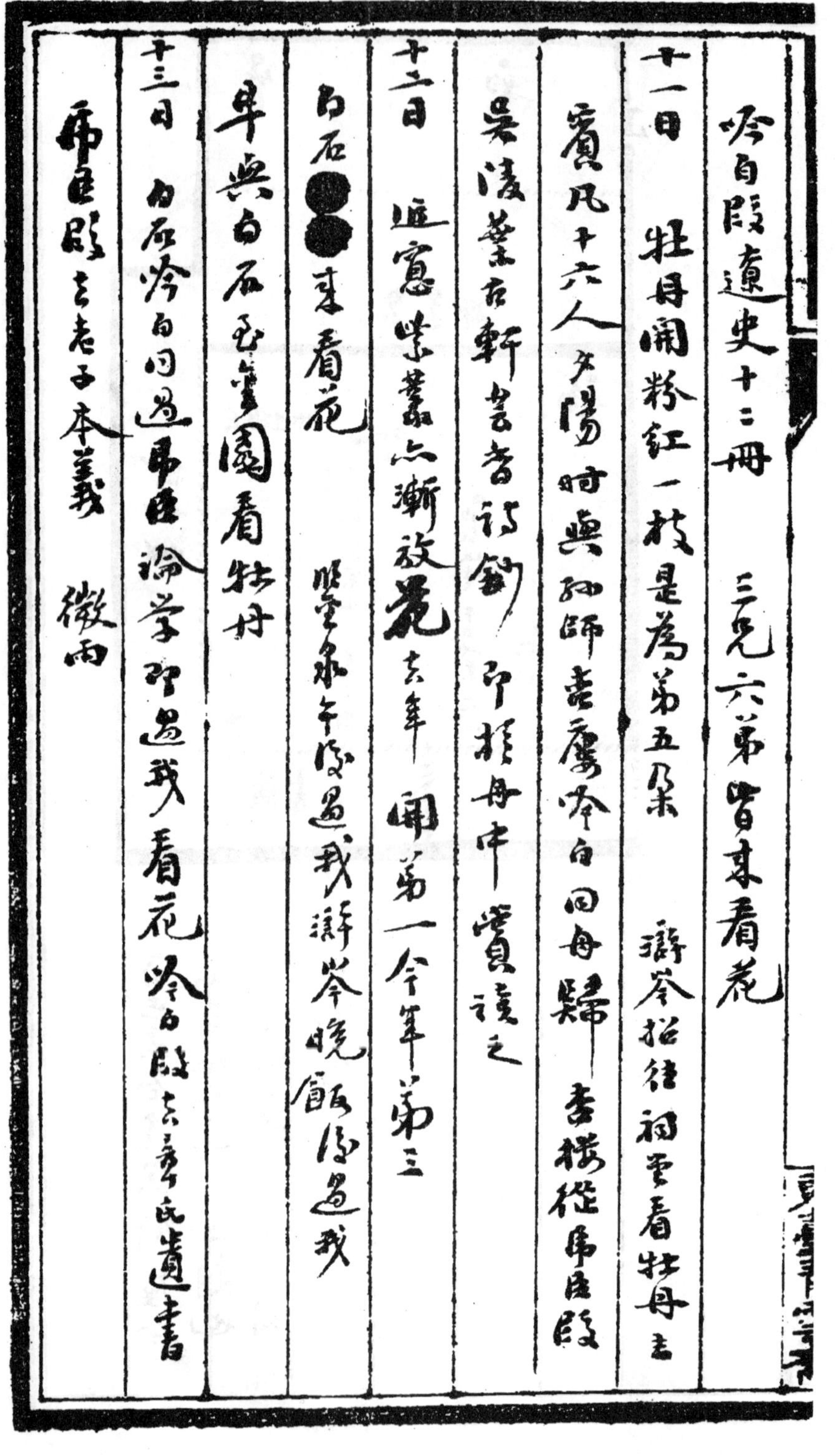

吟白蹊遠史十二册　三花六萼皆來看花

十一日　牡丹開粉紅一枝是爲第五朶　澥岑招往祠堂看牡丹去

賓凡十六人夕陽時與翔師袁廣岑白回家歸　袁樸從南臣蹊

吳淩蒼古軒皆有詩錄　即於舟中覽讀之

十二日　庭院紫叢亦漸放花去年開第一今年第三

白石□□來看花　紫泉午後過我澥岑晚飯後過我

午與白石至袁園看牡丹

十三日　白石吟白同過南臣論學理過我看花吟白蹊去袁氏遺書

南臣蹊去老子本義　微雨

十四日 微雨 牡丹四叢次第都開 有以田字硯求售者，云

銘云有扁所不受，有字文見龍首，利見大人 下署姓今甫二字，不

知何人也 焦直自鎮江來，云江水澄清，蓋將半月許

十五日 雨 讀莊子大宗師 白石以隔年為人寫扇

十六日 雨亭摹稿注說 即以說文同意諸字釋之

北街近東紅橋側 ● 人家有千瓣紫牡丹一叢，顏色

極穠麗

十七日 讀貫山釋例 杜注篇 杉甫還，來借以孫氏志

漸岑邀往觀，留蘭

庭院深深深幾許 楊柳堆煙 簾幕無重數 玉勒雕鞍游冶處 樓高不見章臺路 雨橫風狂三月暮 門掩黃昏 無計留春住 淚眼問花花不語 亂紅飛過秋千去

過白齋 候禹言

十八日 二兄約至精舍早談 讀楚詞淮南小山賈誼嚴忌王褒諸作 讀讀莊子達生 燈時細雨 今日未初立夏

十九日 早微雨 讀高湛碑 過禹言寓至館中 繡球花大如斗 夜大風雨 牡丹殘英折置瓶中 蓋如賢者辟世也

高湛碑

魏故假節督齊州諸軍事輔國將軍齊州刺史高公墓志銘

君諱湛字子澄勃海蓨人也靈根遠秀啟慶於渭川芳猷遐流宣大風於

東海作範百王垂功萬古者矣故清不勝重鄭伯捐歸元卿位管仲辭

禮皆所以讓哲推賢遠而風軌祖冀州刺史勃海公文照武烈望播中夏

惠沾朝野聲諧周行孝侍中尚書令司徒公英風秀逸儁氣雲馳剖符

帝鄉威流宇●縣君稟慶緒於綿基挹餘潤於海澳幼而端凝長好文

雅非道弗親唯德是與道遙儒素之間慕秦中穆之遺風徘徊篆史之際追枚

馬之遠蹤至於漏盡春瀨蕭簾月抽思今邁尋哲以孫遊藝財流而福遠

應手發運起家為司空參軍又轉揚烈將軍羽林監天平之始除襄城阻

命，君文武兩全，忠義奮發，還城新野，竭左同歸，朝廷嘉其能，縉紳服其義。假驍騎將軍，行襄城郡事。君著績既崇，譽聲亦允，尋除使持節、都督南荊州諸軍事、鎮軍將軍、南荊州刺史。於時偽賊陳慶率旅攻圍孤城，將守義離，寔君終能剋保邊隅，全帖民境。復除大都督、行廣州事。享年不永，春秋卅三，元象元年正月廿四日終於家。皇上動哀，能言灑淚乃者。詔曰：故持節、都督南荊州諸軍事、假鎮軍將軍、揚烈將軍、員外羽林監、行南荊州諸軍事、南荊州刺史、當州大都督高子澄，諱用開敏，氣韻英發，■擁摠藩翰，誠勳剋宣，臨難殉軀，奮從我節，言念遺績，有悼於懷，宜申追寵，式光往烈。可贈使持節、都督齊州諸軍

子輔國將軍儀州刺史憲元象二年十月十七日遷葬於故鄉司徒公塋

千秋萬禩敬友雅萬敬鐫石泉門以彰永久其詞曰

丹到降祉姜水載清天人應歎命世挺生垂竿起譽羅釣流聲經綸宇宙莫

之與京胤司下蕃出衡上筭既顯世上名復樹東海四履流芳五城降緌縏

初茂葉傳華靡改伊宗征輔忠義是依清德雲霧播掃塵氛日

月再朗六合更暉玉帛斯集福祿終歸如壽長遠積善空施風

路夏草霜結春池峴山淚墜桂樹摧枝然哉永慕痛痛矣離長 當是長離

碑有誤不改刻也

凡二十五行行二十七字按碑云清河發重鄭伯猶歸謂高克也清為克邑故曰清河

毛詩序云葛屨好利而不能其君此但云勢重天下又云讒諂排擯則所愛者不能至
君子知其說當出三家詩 能言之能讀前漢書食貨志能風與旱鼂錯傳
其性能寒之趙充國傳漢馬不能冬諸能字同猶耐也 穀梁桓二年傳注
既死君不忍稱其名碑述語曰子證正準於禮

二十日風雨 前日寫雨橫風狂三月暮詞君為之悲矣

讀刁遵碑 瞿文 讀莊子山木田子方

夜來殊寒甚著兩絮衣

二十一日風雨

二十二日

二十三日 臥病三日 韻齋過我即為我診 一方云錄伏苓半夏神麯等

服之而愈 孫師過我

二十四日 三日不覩牡丹 早起過之乃 於二月十二日手為鄭宗紅霞春

一小花 移來之彥云在所與 梁天監井欄題跋

讀湖北金石詩 江甯嚴子進撰

二十五日 當陽玉泉寺有隋鐵鑊 嚴詩云 考據且漫論 摩挲辨款

識 響搨遺故字 寶之金石契 常存天地間 賴有數十字 此數

語日最耐尋味 讀莊子要來死與其以連書 則要來亦敢之

生質也見外物之佈

二十六日 看左氏紀事本末 看法式善槐廳載筆

二十七日 看江陵劉士璋漢上叢談四卷 婁竹斬蓬記二卷

東坡生邁迨過子由生遠适遜坡詩有云我家六男子樸學非時新

二十八日 陸放翁石君墓志云吾嘗觀一郡一邑之士其犯法觸禁流離困辱

者非必皆其身不善也問其先往往嗜節而貴者也反則不義而富者也

其仕而速貴久而終顯其有才子令孫者非必皆其身之賢也問其先往往

正直而不遇者也反則庸讓而貪者也反則篤學守道而不為人知

者也 此十數言可以風世 是日觀薔薇雜花 芍藥七開

看江都焦循雕菰樓詞一卷 其第七第八兩卷 談諸子尚佳

餘皆若種雲霧　晚●雪夜大風

二十九日　看敏樹柈湖文錄有三江解其以九江當一江與余往所為說同惟未知●北江乃北岸別出之港派亦江為前乎

柈湖文錄八卷朱生自揚州為余買得者

與子湘步園看芍藥時殘霞半空相映生色

四月小建癸巳　初五日小滿　二十日芒種

初一日丙申　讀柈湖文錄二卷

初二日　讀柈湖文錄一卷　精舍晚飯　生濤為小蘭

初三日　過敬齋　看書禪室隨筆　讀柈湖文錄卷四卷五卷

六　夜雨

初四日　讀柈湖文錄畢　都凡八卷　其衡業弟私議中有重刊斯鴻只一則尤為探源之論　近來紛紛之言無法　惜無人道及也　其論古文不喜談方姚宗派　名歸所見視源者尤超

看題跋劄記一卷　史記律書　杜筱舫藝蘭說云莽芾雜

緣力盡心屬休徵

初五日　重農阮氏鐘鼎款識即校讀一過　候白石

初六日雨　讀楚詞

初七日　於三兄壽見所臨陳白石藏虞世南廟堂碑

孟子云於武成取二三策古百名以上書于策今武成僅二百字其

爲僞撰可知　讀左本末一卷　石鼓文當是文王時物以昭

十五年時陰之數合

初八日　三兄招至精舍午飯即觀丁禮之國甚露殘前日

與劉滙東同歸賦一首

雨。賢[illegible]相[illegible]劉季[illegible]丁[illegible]去年秋[illegible]重看二子者[illegible]開拝

機早動[illegible]勢難[illegible]漆[illegible]儒王[illegible]從來此局[illegible]

初九日　看趙氏劄記二卷　陸(?)書三國志　過子湘　任兆麟心齋十種中有石鼓文集釋一卷

初十日　讀通鑑輯覽序例　看左傳事緯　取及左本末　汪生借我白句藥

十一日　孟子稱孔子懼，作春秋，下復言聖王不作，此聖王當語孔子，是亦歷學家言

十二日　孟子尊賢育才以彰有德，育當訓長，與〻子義一律。彰

写张收因三昧书院题思的人

十三日

十四日　看韩诗遗说考

十五日　午后雷电风雨大作，据乡人来说，(是日)雨雹伤物甚多。
看韩诗遗说考　会稽白过我，云石鼓文是穆王作亦新

十六日　看韩诗遗说考

十七日　读桓宽盐铁论

十八日　见张书春写叶书题签，逼似玉梦楼

十九日　整屋文　雨

二十日雨。聘禮疏易書春秋策皆尺二寸，孝經謙半，以證說文專為六寸簿，殊合。外人皆稱夫子好辯，外人即是言楊墨之言者

二十一日 鹽鐵論所引春秋論語，一齋學家山林也。拓本寄還我。射陽石門漢畫像分六列，其上列為孔子老子弟子三像，與嘉祥畫象彷彿

二十二日 寄恒老一緘

二十三日 買得魏元萇振興溫泉頌 無年月

二十四日 買得射陽畫象及顏真卿殷君夫人墓志銘

二十五日　閱書院副課。三希安手震錄、●業詩泯流紋、隊

讀書廣陵郡十一城當今地對、詩錦和子、天從織、撤飲

馬長城窟行、●講同新延安徽徐君

二十六日　雨臣示我張季直所為導淮平議

二十七日　惺老自江陰歸，贈我學海堂經解●書印本

二十八日　新師雨老茶話●文

二十九日　學海堂經解是咸豐十年庚申粵督勞崇光補刊

至初刊則道光九年也，自咸豐庚申至今計閱四十二年

此本舊有人讀過，●首冊顧亭士林校補正，末書丙寅三月字

日本爲同治五年　余同治六年生　發刻此人　一卒業之年

適開今日從來之緒矣　凡三百六十冊分裝三十函

心蘭昨自西園寄書十本云四月二日伯石仰吾浩秋吟白鳳壇諸

君子招飲叢菁精舍記予寫襄得八絕句

偶銜杯酒集殷勤經史詞章張一軍　我印吾周家其嗜未芝

是惡到諸君　海上吾家老仲弓　吳　酒軒　王　石乾　雨從出羣雄

河豚原本母青貴　誰識羣經訓故道　一鄉祭酒獨知幾

事請教嗅奈何此才竟至老山澤　昭代不同陽馬科　仰老論　適作箋

予謂沈痛影絕論　家信只老善　閉門臥雪有袁安　以与梅花藤某官貸

殖傳中誰似余少年游俠老儒殘 湛深史學李延壽考訂馬

陸編南唐紛同僧楚蒐奇秘恩明胡族舊本藏 有藏書家所明胡氏南唐

書蒙識安吾吟先 大曆詩才衆口呼瓷人能渝表中字魯

參宜秋華

論園詩色事亞羲平生第灌夫 看梅經學蔡中

郎既江戴艇着鷹门飛蓬隨風無定所飲啄 四海不由蒼天

蒼年來時事極艱難滄海横流不君看大哭無緣稱快

兵出門西向望長安 前年此日襄首含晨驛風流集一時

包愷林宗在江上母黄鞋勘小苑詩 庚子四月二日鄭重粥撝同人祭李小花稿於此眾余久去

鎮江

五月大建甲午　初七日夏至　廿三日小暑

初一日乙丑雨　過煜齋白石照值畫山水可謂佳遇　看經義叢鈔一千三百八十二之九頁有朱相國不得已而之景田氏宿字解讀不得已者不得已而相王引儀禮鄉飲酒疏為證　余按朱言是也　古相必先宿於有相宿三宿　蓋恐其待詩四者多　相宿之意也　觀此文宿字自分精於相矣趙註未明

初二日昨夜大雨曉猶未已　過伯壽見三字石經殘拓一段　凡十一行　其文為尚書君奭第一行嗣前　第二行光施于　第三行天棐諶　釋第四行至命　時則有　第五行衛在太戊時　第六行家在祖乙時　第七行惟茲有陳保　第八行純右命則商　第九行罔弗武弄庸　第十行暴卜筮罔不　第十一行

詢天藏閣拓此拓馮登府跋畢未及

初三日雨　看晉略本紀及甲子表　孫帥雨亭偕石約同過恆齋見翁長鮮近齋詩詞

初四日晴　過藍湖見任兆麟夏數文集釋粗讀之無甚精義心齋十種中有夏小正章句尸子輯本孟子時事略襄陽耆舊記四民月令諸種

初五日　恆齋語予槐〻廬語學叢書其新出蓋吾師●刊經解續編以前所未經看其爲續編所收也

初六日　看李氏易解賸義　李富孫輯

初七日 看丁晏尚書餘論 定偽古文為王肅撰 二兄自鎮歸

初八日 午後同雨亭過白石閒談 白老謂昨出是郊外高士 年十二

云昔農其畫若陳無錦叢知寒者此客云也

二兄說鎮江見之商務學堂

初九日 看施彥士讀孟質疑

初十日 看沈濤論語孔注辨偽 大母舅得一子名曰阿蓬

十一日 看孔注辨偽 沈以此注為何晏偽撰

十二日 子淵為向君志積勘記既成 史記稱孟子序詩書述仲

尼之意今書序詩序或並出孟子矣

十三日雨

〼〼太守太僕卿元　墓誌銘

六世祖遵　高祖素　祖忠　父最　魏收敵皇帝之下闕

開皇元年為益州武康郡太守　大業某年某年十一年葬于某里

右舊斷殘拓一本，辭頗屬為審定，今錄其大略●●陸氏金石續補已錄，據之補；首尾知元屋曾

十四日雨　看陳奐公羊逸禮攷徵、諸錦饗食禮補亡　也

十五日雨　看宋趙惪詩辨說、真惪秀四書箋義　守山閣刻

看隋儒林文學兩傳

十六日　寫酒碑一二帋

十七日 看馮登府十三經詁答問 陳倬敤經筆記答問 以論語如其仁如其仁爲齊讀因字 此二字爲齊論 與余分齊魯論二家

合 看惠棟九經古義

十八日 過仲安 念白 含白 貽我雜碑記四帋 見漢高頤碑及闕

夕陽時同恩過東園小憩 高樹三本錯立 西憩清茗 閒談光景

甚善 淮局四書七經刻本精白可喜

十九日 檢理學海堂經解 閱子湘得嵩高靈廟碑陰

二十日 看文選詩二卷 蕪雜 注月影饒白蓋地名 蘇子云

可以養生可以養親 無方聚此 莫如[illegible]二復之貴山谷文園入水石

濡云之和師說

二十一日 看遺詩 六弟來論詩 夜雨 帚臣招往談碑

二十二日大雨 從帚臣假得魏隋諸碑 如皋冒況稀農貽我冒巢民同人集 讀巢民先生傳 循河畔觀水

二十三日雨 孫師鄭[illegible]老蒼論 帚臣晚飯後過我暢談

恒齋寄所畫扇題曰山水靈深蒼竟是吾兩人結伴吾詩以答之

恒公畫意如冰雪。寄我霜紈秋爲趣。對對精生回生際。山水意宗

吾此說。誰信江山有孤婦。君山根山疑可攀。中間當有通寨

潮音梅孤蓬相往還

於賡堂徽寧讀蘇堪寄子恒齋詩意甚灑脫因和其韻寄

恒齋

莊周昔論道特重支離說支離於形德所謂之辭天放子生求名實

用意亦墨儒積精而苦思一病歸江湖忘聽嗜不節左右持而

撫之勞生以養生未晚文字嬉鄭生物語言神傷遠頭顱謂生

有不痛痛乃生所遭失去一葉蕊是言不枝梧若素僅一斷生病

自到手漸能掣發手臨差未犯作書舉世物醫藥處所日以枯

撫而我一笑示同古恒左頗翁苦免遭代進過寬翁春鷺繼不揭悅

急業不礼發人妙經有尊志存遠上真隱以衛言中風調試

閑館來鮑雜譚未遂悟首肯宜生鈔僅改印相視錢井招犁
鄰
衣季直亥怡空雨詩鈔 某年庚子作
二十一日 看同人集 震山戴瀚字介眉詩才特妙 退伯謂見張
船山題羅兩峰鬼趣圖八首 船山詩草自敘云自十五歲乾隆戊
戌至四十歲嘉慶戊午共廿六年得詩三千五百五十二首刪存
二千七百四十六首
二十五日雨 張船山題孫淵如兩粟樓詩云大聲將捲怒濤來金戟領風
一卷開看便不聲真快哉稀逢人罵長安都吳書猿雌下束

邸凡馬樓空袠郭隗 十二瓊樓無定所神仙何必住蓬萊
今日雨幾三寸移書遜編
二十六日晴閱辨 沈子培為江督擬覆奏宗人府主事陳子宣疏綱領凡十四
權置議政大臣曰議政部一名曰圖書館譯著西書曰興學務一名
省編譯學書館曰廣設武備學堂曰刪定各部則例曰重訂
縣親民官設專察曰整頓科舉之法其疏尾有云臣不能知其為之
識識知其天運人事之理書所未創制其以為措施也抑不能為
撰切之說識見其刑名法家往往偏於一而不識大體其以害論為也
看章炳麟書其語於孔子禪佛中國禮墨荀之學而猶有理

二十七日 過子湘觀所藏漢孔宙碑魏浮圖頌元拓本皆佳

詠齋過我

二十八日遲明大雨磨鐵竟日新竹可喜芙香擇掃後

莊子七篇

二十九日雨 莊子補原憲曰上漏下濕匡坐而弦 讀莊子新刻篇補

篇一過

三十日雨至今三晝夜未已稻田滿匡得晴乃佳

看江永禮書綱目通禮八篇

六月小建乙未　初六日初伏　十七日中伏　廿六日末伏　初八日大暑　廿四日立秋

初一日乙未雨　從春雾段汲古閣說文訂武昌局本附段注後此繙刻本也

初二日雨止　買舟挈孫師鄭麗老雨老游南漢逾麗至東門觀河水與海水相別處便過丁楹視恒齋　孫卿云予刀家言雨不藏日　今日為丙申夜晴云　恒老贈余近譯日本書幾種　內則字有與夏小正同者此篇或亦出子夏與

初三日　昔嘗夢經閱神武廟之西偏有書肆　架上所列多異本每購一二種以歸　今夜又夢至其處見詩考兩函即之主

者云是許蘅圃先生舊藏本許為余之时同字師 亟買得之是書前半皆大字後半則手校細字也

從儒臣假薛庸菴文集讀之 飯後過肅臣說論語

又雨

初四日雷雨 看庸庵文集其書事若列最可觀

朱鶴卿過我談詩

初五日雷雨 看庸菴文外編其論漢惠帝張皇后極精闢

肅臣晚過我論学

初六日晴

初七日 看壬午秋湘軍志

初八日 看湘軍志畢 黎庶昌古文辭類纂三編選本不完

初九日 夜有雨

初十日 曉大雨

十一日 以上數日皆苦熱 今夕涼風甚快

十二日 晚曝書上架

十三日 看汪雙池醫林纂要後附朱竹君撰墓表

十四日 看徐州蔡惠堂說文古文攷證 候白石

十五日 雨老過我 吉齋自淮上歸 看姚文樹六經經師宗派并

所著經注經說考　白秋海棠兩花謝九日蓋立秋也

聞吟伯自揚州歸

十六日　簡老招往東園匯遊日看以舟往謨徑自別　讀所為詩

雅似老年壺

十七日　南園小集午后放舟至夏祠月上始歸　風水清泠

慶想都谿同游者簡老孫師　西石雨亭吟白帶臣為主面場

談燕私茗謎進摘蔬汲泉不出方罷　有田之樂潤異常

田

十八日　看湘軍志　曹元弼撰孝經六藝大道錄首目無書其卷

首述孝一篇頗詳備　過伯蓀下

十九日大風　三兄自金壇返鎮江小病　讀陶集

二十日風微　晝夜不已　與吟舟同過玉峒見林壽山集

二十一日　帶住白石約喫餅及菜至粥　寫蔡邕文下篇目一通　日昃以雨驟風乃已　蓋三日矣

二十二日　三兄病瘧寒作　殊苦　大兄即日往援　少歸　觸犯癸巳余赴省試病此義不能堪　幸得三兄送予歸　來途經揚州　請華祖宮得方　藥只二味　薑一為良　一為薑皮　服之遂已

二十三日　讀陶詩　祖考周忌

二十四日　為六舅金瑄歸卿經詢之兒之病狀　立秋

二十五日　寫拓與王琇陰　為言新月劉申叟[illegible]

趁市上以百廿錢買得性理精義　看吳南屏文

晨夕涼風大有秋意

二十六日　看性理精義　好齋過我念及黃生爲作一藏字

去

二十七日　黃生詒我板橋雜記又贈所著文選

二十八日　看譜研齋集　寫四日四千善錄脫第十頁黃鈔

補之

二十九日 讀陸宣公集此本為嘉慶年刻字甚大伯熙所藏 六弟來述大兄到鎮三兄瘧已解 惟脾氣未通

七月大建丙申　十一日處暑　廿六日白露

初一日甲子　恒齋招往看王蓬壺畫及李小花自寫詩冊子　跋子谿補雲衢刻本　研齋過我未值

初二日　研齋過談　看性理精義

初三日　勉卿白石吟白雲亭諸老因為子湘壽言一小閣索余作書　小蘭在小海來回子湘以之病辭　子氣未甚歡

初四日　看趙氏史劄記　六弟來述三兄近□請米飲

初五日　昨夜雨　看萬斯大學禮質疑

初六日　風晴　正續兩經解凡六百八十冊　看學禮質疑及

学易林隨筆　夜氣頗涼　学禮齋雜字法閱說最

詳

初七日　看学易林隨筆　風書　碎骨鄭某攜來漢裴岑

紀功碑　隋仲思那造橋碑　北平孔廟碑　唐李良臣碑　王信

師神道碑　皆贋　以之

初八日　五時半出日　看新唐書食貨志大和間以國用急不

及秋方苗青則徵之號青苗錢又有地頭錢每畝二十通名

為青苗錢是唐時已有青苗錢也　藝文志乙部　吉文甫撰十

五代史　舊志同　葉適撰葉詩　舊志作葉滴未之誤葉

初九日 看新唐書藝文志 讀裴岑碑 據王氏萃編

云凡有三首搨本，一在濟甯（邵文錄刻），一在陝西（申兆定刻），一即在巴里坤。此拓有甘

肅鎮西廳撫民同知印。艾安字作芝不作艾，振裴表請字

亦不錯。則知濟甯、陝西本，且知巴里坤之舊搨本，雖立德祠之德，諦視

實自是海字，兩漢金石記謂濟甯本作海者誤，知也。

初十日 讀李良臣碑 此拓較萃編所載文闕失益多，似

久蔽能不彰，此拓則作未彰，萃編益誤。

讀曾文正公文 復陳右銘書云：劉宗翁并前函首拳字擬是為

戒律之韻，循人之語，依於屬稿，不宜褒揚溢語，動循奇異

儆鄙俳小說誕妄者之所為，眩人之惡又不慎焉。一篇之內端緒不宜繁多。務為以卑不異人，乃競為俳俗語句以駭庸眾，觀自然之氣哉？又才士之所同藏，戒律之所以嚴也。蓋其者持守勿失，然後下筆造次皆有法度，乃可專精以理其之氣。流俗稀所謂與起如子雲同工者，熟讀而隱採長吟，而反覆使其氣若翔者，推尋其義之蘊，其筋骨以崇其道，而不可以方物。蓋論其末則循戒律之說，詞命篇而道愈遠；論其本則抗其氣以與古人之氣相翕者，非求太簡而不行者。

十一日 恆老招飲 讀大戴記夏小正

十二日 月令前入大學為始焉讀連上文質字為讀 古人屬辭同節通用 質齊猶介一蟠螭 讀文屬賦異所他是要證今

日三覺書院課題發之 午後雨 紅蓮放花

十三日 三兒到家 遂往閩 表病已愈 神氣弱 大須調息

南齋時日

十四日 看劉禮部集 公羊議禮

十五日 醒庵老招飲於雅餘菴 月光甚佳

十六日 揚州書賈郎鏡人來 早起看牽牛花

盆蓮開第二花

十七日　鄧君攜有張敦仁●陸鐵錦阮福●列女傳（此書未來）

恒齋屬為朱氏授經居跋

十八日　看列女傳阮跋云此內府藏宋刻列女傳本為南宋建安余氏所刻曾藏錢遵王家乾隆戊申歸元和顧君抱沖家嘉慶庚辰歸入于家大人付福曰此圖當分別觀之余嘗見唐宋人臨顧凱之列女傳圖長卷其中衣冠人物與此圖皆同器衛壹以所覽之鑲屏法也如所傳之木桂皆與顧圖中相似而嚴有所藏之顧圖臨本之全今不可見頗有此宋本首尾完具

空堂於原此三面
圖中書院之類
雖有唐宋人所
損於印此若可
見唐宋人衣制
至於人物體局
之類亦總於
耳仍當疑神
賦寫為畫人之
本無疑補據
劉向七略別錄
日臣向與黃門侍
郎歆所校列女
傳種類相從為
七篇以著禍福
榮辱之效是非
得失之分畫之

所見全文考米南宫畫史云今士人家收得唐摹顧筆列女
圖至刻板作扇皆是三寸餘此本除去詩頌但存圖之高下與
米史所言三寸悉合然則全氏蓋出於北宋摹刻本北宋出於
唐摹顧原顧本而縮低為三寸無疑顧君抱沖諸補據王回
序列女傳頌等所見圖止此儀恐非二傳闕并無從更改今此
圖蓋全氏所補續錄來於也唐臨仁智等圖今無按傳肖繪所
本出諸料所見殊為未備未可據王回說而反疑此圖為南宋人
補續也蓋唐摹屏風不可見而見於顧原顧本不可
全見而全見於北宋三寸板扇本北宋本不可見唐摹見於此為

推崇風水一墻推
明鑒此注知崇
巴為列女圖推崇
是顧圖而本推
藩崇風觀此總
而見古人形家
儀法也惟是

宋余氏本矣又按錢遵王讀書敏求記云宋本列女傳目錄首標題
晉大司馬參軍顧愷之圖畫卷末一條云一本永樂二年七月廿
日蘇叔敬買到當時採訪書籍必貼買人氏名鄭重
不苟如此內府所藏流落人間展轉歸於余今此本卷末
不自注係宋本是此本即遵王所藏明內府本矣頌福九
孫季蘭萬用綫裝於此圖描摹一過鬚髮畢肖余復令
良工取修從影鈔此圖畫合而仍釋此冊前舊為蝴蝶裝如今
之冊頁作兩界相合合對之形今摹刻之本及反折如兩翼
相背自一畫以綫縫裝為今書之式而仍不与宋人蝴蝶裝相反福

後以僅宋印發部鈔惟樣繁為母刻更好也吾揚頤君千里所據本惟列女傳從宋本圖畫亦附於後極為精確今金所摹刻者特以圖畫為重也言孝經自有徐本五文第本全摹宣武學舊不除日字以傳說中宋時從寫之字如孝國之類不可枚舉也皆不據改今存宋本之舊不失其真也惟此本說晉唐而來至作者繁不能多識今經史之讀者即如渡居福摘附古籍不讀居福積與鄭說合惟是編所不作惟其與漢石經合此乃最古之本勿因爭字而反據不讀者為讀也

看劉申叟集　連日嗽若云痛秋燥所也飲梨汁稍

可

十九日　晋病未已

二十日　白石有裴岑碑，是赵之谦藏本，殿极昨碎缀豪甚異

二十一日　书贾送来孙莘老春秋经解、赵瓯北七种两书。张之洞书目列谷梁家，今读其书，并不专主谷梁也

二十二日　午后雨　盆莲开第三花，红艳胜常

三兄赠我巾箱本说文、广雅疏证　伯纯自上海来

看瓯北诗钞

二十三日　看瓯北诗

過恒齋見浙江范昌士言人通曉●●●英國文字年未三十也

二十四日　過仲石論禮書　從恒齋假盛刻經世文續編

二十五日　早起行庭　玉簪　海棠　牽牛　鳳仙　秋花正盛　盆蓮則花而實矣　讀禮●文編　大典類

二十六日　孫師為撰詠八千首皆紀傳時事之言

看陳寶箴河北精舍學規　禮政學校編

二十七日　讀禮政文編　昌士過我云將移家來此

詡齋雨臣先後過我

二十八日 過詡齋，觀素心蘭。雨亭過我，論買書。

二十九日 看說文偏旁部類

三十日 讀唐契苾明碑。從陳瑞庵假得張敷伯重刻涂禎本鹽鐵論，有校語一卷，即屬朱生錄副

八月小建丁酉 十二日秋分 二十七日寒露
初一日 校鹽鐵論 師臣招歐議立學塾讀字讀書爲
今日之童子之亟務即今日成人之亟務雖不讀中國之字不讀
中國之書還須之語授以西學羅馬拉丁漫相夸耀之乎
謂本末倒置矣余擬一課程云辰初上學酉初下學午
前讀新書凡未讀過之經書 溫熟書凡已讀過之經 講字通讀說文於今字
午後看古史書凡西史及通鑑與紀事本末等 看今史書凡百王經學故書及經
要文與各國史書等
初二日 校鹽鐵論 過馬言快談

初三日　看禮政昏禮編方宗誠續貝女論　要疏解曾子問文匯破千古大惑余丙申　筆曾採此議非爲言語然也

初四日　看禮政喪禮編　潘德輿喪禮正俗　有功世道之言士君子宜各錄一通　知蘇徵藏　看趙甌北皇朝武功紀盛　鈔王少鶴夏小正正義　過張氏肆巢

初五日　朱生爲我鈔隆鐵論政略　草叢成即校誤一過　看禮政服制編　伯蘅　徐嘉興　三兄已全愈論兩學不必兩言　其理甚正　過雨亭白石

初六日雨　同雨亭兩言　拉以蘭白石丁所師　精舍午飯

看禮西服制編

初七日雨午後晴 看禮記文編 登禮西俗二類

初八日霧 鈔夏小正義 讀隋仁壽元年北平孔廟碑

畢伋民自揚州來 遇白石 談夏納演代

初九日 看甌北七古詩

初十日 看甌北七古詩 看希臘志略 鈔小正正義

十一日 兄子為釋說叢家墨韻考 疑不皆諗 談生亦

能之 鈔學之益 詢可喜也

十二日 過六弟

十三日雨　南園偶集孙丁陳諸老師暢論算理

康時文巖武科開学堂停捐納兩月以來新政具舉　士林開

之能之張百喜色

十四日　予明能演同窗志重刊既敬語我一部　看甌北詩

十五日　今有錢十萬甲乙丙●三分甲占乙●七三乙占丙●七三乙占丙●乙丙●重法

乙者似二〇〇十八甲若得四十九　丙若得九合　此三數為七十九　以十萬析为

七十九分和甲乙丙所●之數得矣　遂質與石乃知其理精密

其分法即如此　日來冀南圍以生月上旋歸

十六日　看甌北詩飭畢　看文史通義

月下過白聲

通義內篇三之原學等篇皆志於學列而求當代典章以切於人倫日用必求官司掌故而通於經術精微則學為實事而文非空言所謂有體必有用

十七日 夜考高言硯生過談而高震先復過談

看文史通義內篇 朱庭仰來云甲以三日一元乙以五日一元丙以七日一元於何日同元則若干日先以三乘五得十五復以七乘十五得百零五日正合同元之日也

十八日 顯考忌日 聲容如在而歲月六周矣德業不增先

緒將隊敵不遑麵

嘉●右碑寶持殘於吳帝來歸視之乃倉頡廟碑陰及左側也亞買自之披文有紀史池陽吉□●秦曹掾池陽吉□池陽吉□郛列吉氏之望●●（李）為池陽華岳廟碑殘陰（池陽吉元字姓者）有池陽吉華字仲之防池陽吉富字元高宋書孝義傳云酒詡池陽人吉莫諡也錢君族譜●（先生）手修家譜序云宗為滕時有福一公由浙晉至江左左籍丹陽其從弟一居鎮江一居蘇州而吉居族於丹陽灤池陽為今陝西西安涇陽縣地序日由浙晉至池陽上虞乃移山西而後移於江南也此碑陰應

泐已甚而二沘陽吉物以自世之永寶鼎彝不尋常也

又碑陰凡兩帋一無買得之緣為福奉第二不沘陽吉

下二拓至模彷彿是風字

碑為孫義淡奉劉明府之令而作碑陰人名則皆出錢者也倉頡

並廟墓先大漢經營之據香案乃得附姓字以不朽通讀

說文九千字之課畢可緩手歟

二十日　三十五歲　買宛令李孟初碑其年字引筆甚長

二十一日　作魯仲連論

二十二日　以舊拓耿勳碑

二十三日 讀耿勳碑 據萃編已云闕泐已甚 兹更有甚焉

者 然萃編闕而此不闕者亦間有之

存印證金石集字跡亦大

二十四日 兒子讀小戴記畢業 春秋穀梁亦將畢 今年五經

粗立矣 兒初名泰 後名宗 宗為曾祖偏諱 仍還名曰

榮泰 攡字曰通甫 俟冠時請賓正之

看穀梁●禮說 此係君謨未敢下書也 看孔叢通考

買得東塾讀書記 湖南重刻本有脫誤 當校正

二十五日 恆齋寄來一紙 云江陰書院議設學堂 近

理董條目尚未完就也

內股形以股為首率內為中率相求得末率與股相加折半為甲以甲除內得倍股之方角正弦

二十六日 聽屠文

二十七日 偕邠師招往南園午飯

二十八日 讀伯老 緘 [illegible]寄段東之華錄十六冊

看華氏開方術

二十九日 因樹弟伯方早過南園清論仲蕃屬我自蘇局

買得溥屠諸合要及三要圖詩解 樹弟為我移東熟談

書記影本將存洵于袁也　將雨達庭

看東華錄

九月大建戊戌　十三日霜降　二十八日立冬

初一日癸亥　看朱子小学　陶文毅注請節　集蘇甸刻本甚善

前年二兄植桂今開一枝

初二日　開方術大抵先求大方積若干　次求兩廉　次求隅　余意先求隅次求兩廉次求大方積理亦可通　雨老過我云近算書中已有此法

初三日　看東華録太宗天聰崇德年間屢遣明書許議和好而明廷終無答言亦可惜也　曾莆繼年言

初四日　過雨亭見句股六術　看朱子小学

初五日 修内身揚州佛 嫁我萬氏補史表一部

看佐治芻言 看東華錄

初六日 看算法原本 寄恒齋檢

幾何二字始自利瑪竇 西人所著幾何六語天算

也余往擬爲天問●叢書於通算不可 阮氏疇人傳

未及子剪補之

初七日 南園年集 知師雨老張君同論句股弦和較理

兄子紫垣來 述加減乘除筆算諸法具已精熟 亦爲

欣快 即與言開方之法 能領解

初八日 廣雅書局書攤二十種託吟老代買

今年種蘭已胎兩花 海藏自廣西歸爲過我暢談

初九日 南園秋禊凡十三人 觀張夢岩王楨甫次第与劉景

雲對弈 酌老雨老同演開方自乘數表

看東華錄 順治二年十二月 儒建議贊王大臣奏除寇焉云

祿王大功傳 秋葉城鄭報國同邦基等 俱未嘗還至此二人行

初十日 買得漢張將軍題名石文云 張將軍[illegible]飛率精卒萬人大破賊

首張郃於八濛立馬勒銘 看東華錄 [illegible]

雋清過我論算

前日得倉頡廟碑陰補志三絶

先漢文章軼典墳，九千餘字賴椎輪。科陽亭畔經營記，誰識當年劉府君。

歷代隆崇典不刊，早聞衆字徧祠壇。六氣今日彭衙過，呵護應李郝史官。

驥尾流傳幾劫塵，池陽三吉姓名真。出錢不為祠修葺，都是吾宗大有人。

十一日　看東華錄

十二日　過詠齋論吾宗所自出，揆之雅鄭，著者謂為姞別，仍以姞為正也

十三日　昨雨今晴爽氣逼人　同禹言偕石甫過予齋時月上樹顛

庭中菊影一一照出若談片晌意趣清絕

有某秀才上江督書云省中當為學堂書以政學為重云

語言工藝宜從易看也

十四日　看東華錄康熙朝四年十二月江南江西總督郎廷佐奏溧陽

縣民顧琵龍等獲玉璽篆文人心惟危道心惟微惟精惟一允執厥

中十六字命貯內庫　雨亭過我論借衰法

十五日　借衰大旨以衰度衰借而求為用術試之如響欣然告之

雨亭來　月中過研齋論借衰互徵未得其理

十六日 早從外師西老論算 揚州賣蒲人來至花較去年補

藏 夜思以三角算學備理 月食

白石太翁以九日八十壽命余为楹联諭推云鞠華重九日椿

樹八千年

十七日

十八日 看東華錄

十九日大風 兄子阅说文孫字義示之以古算理起於日月星日

實也月即古字作除實之法也[illegible]而孫从系

同雨亭過白石 看東華錄

二十日雨　錢存吉

●同從徐君季龍學詠　若雋清

詩古文今又需精曉人●業孚志趣加人

齋仲季龍白石孫師酉齋先生雨亭三兄同集襄蒼精舍　仰亦積甫

●●为主　晚霏雪珠寒甚

二十一日　談詩華民算術經義種　右石甫以驂氏開方釋例見

示先書多業昨天元之理

二十二日　鑒老●●往眉學詠　酉老過我

二十三日　與酉老孫師同候齋仲　同至八角孫舟至城南市

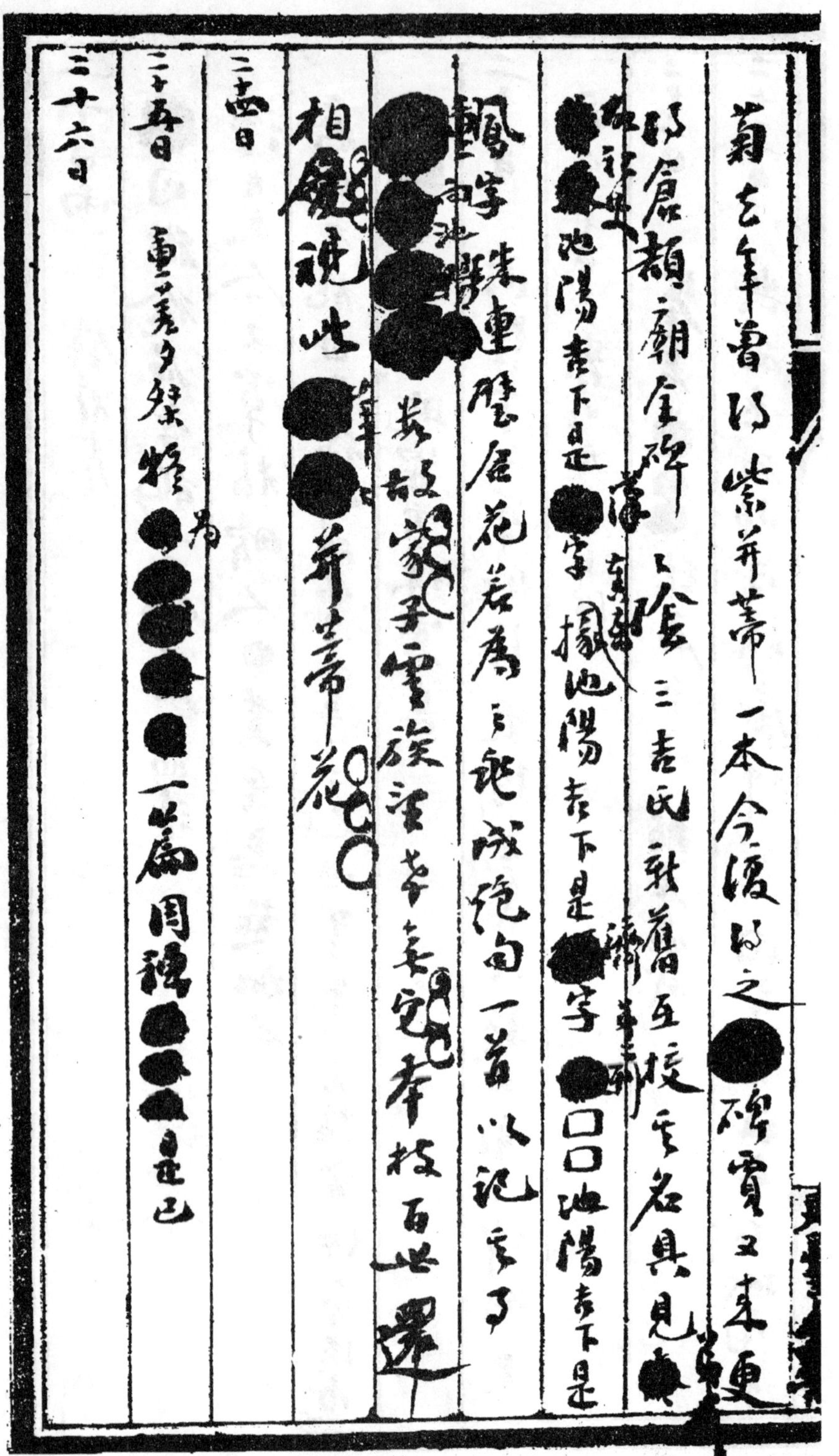

菊去年曾得紫并蒂一本今復得之●碑賈又來更

得倉頡廟金碑（漢）下陰三者氏新舊互校乃名具見●

●●池陽吉下是●字據池陽吉下是●字●口口池陽吉下是

鳳字朱連璧居花茂為之謔成絶句一首以記之

●●●●長安故家子重族望其長宅本枝百世選

相麗詭此●●并蒂花

二十四日

二十五日　重羞夕祭糕●●●●●一篇周禮●●●且已

二十六日

二十七日　二兄生日

二十八日　看東華錄（康熙十五年）聖祖諭諸臣云一刻不親書冊此心未免旁騖

二十九日

三十日

十月大建乙亥 十三日小雪 二十八日大雪

初一日癸巳 日食

初二日 朱錦綬論荀文若爲閹黨理據奇確

初三日 致恆老書

初四日 讀數理精蘊比例類

初五日 同翰卿師雨老約鄺仲季龍酉石胡生賞菊花畱一羹即觀季龍與劉會東圍碁

初六日 看求一術通解 新化黃宗憲撰 光子閱穀梁內壤外壤

初七日　看東華錄

初八日　大風微雨

初九日　寒甚硯水皆冰　看算法原本

初十日　買得羅茗香比例滙通　梅小岩陳恕齋筆算兩人作同

事算式集要

十一日　齋伯招飲　坐有宣君雨蒼　其人闓爽可喜

又買得浙局老莊荀墨四子書

十二日　過白石論學

十三日　齋仲蓀請鑄印　以紫檀架飾之

十四日　過廊匠

十五日　購揚州書賈二函（聚樵堂）見嘉慶間刻韓非子有●●●●（吳山尊）序（即顧澗薲本）

十六日　叔師過我

十七日　江南制造局刻代數術及格物算法統宗書精善本

十八日　讀李嚴傳

十九日　方壺小集疏林黃葉別有蕭瑟之致

二十日　叔師雨亭馬二偕游本縣之極東祥興庵紅葉一株光景大佳

二十一日　風雨驟寒水結冰

二十二日 寒甚 醉 雲衣 裏蔭精舍午集 過 [illegible]不見 徐斗

垣先生 名午 山水冊子

二十三日 買行[illegible]亭錦秋子 此亭雖為千里所作 然亦有是處

未可厚非也 齊仲季龍來談 以所為詩古文 書請其導源古

子不能窮 四庫之難之季之 辭爭 求可觀者 即録 以詩

云 溫容失吞[illegible] 初開錢錢[illegible] [illegible] 其[illegible]空存[illegible]文采[illegible] 云云

破古能探[illegible] 語難 憂時策陋[illegible]爭[illegible] [illegible]事原語[illegible] 有[illegible]事

訪桐城[illegible]

二十四日 季龍 韻詩 即用原韻 云 文字談般[illegible] [illegible]生很[illegible]右[illegible]言

謂與鏡。有客坐能豁。續學推師。佯狂讓步。與匡時懷

我學。慎勿壞長城。

二十五日

二十六日

二十七日　看宣南蒼詩文。其才可謂絕。時流罕見也

二十八日　雨蒼過談

二十九日　寫扇者卷歸

三十日　過白石小坐

蔣仲言張皋文批校漢書曾推●●（吴林文子真先生）處見之。長提綱

余用朱國語之旨條目貫通余以朱長春語之所述

與余十七年前從鎮江特鈔本悉合

十一月大建庚子　十二日冬至　二十七日小寒

初一日癸亥　同三兄過襄彥精舍午飯即共讀雨蒼詩午後三兄與季龍圍碁

初二日　作借善峯隅

初三日　讀荀子賦相

初四日　梶餘菴小集

初五日　釋少廣名

初六日　檢書歸買曲阜微波榭本九章及王孝通緝古論

初七日　題考季忌

初八日　買汪右文雅正　看方程論

初九日　讀畜通甫論學集以諫　錢琳來閩正德利用厚生

按蔡傳以貨財釋用以衣食釋生似與上金木土穀相孝

紐也此用字當訓庸謂常也即秉彝之彝生字當訓性

德也用也生也皆性情内事至蔡以正利厚云者蓋德有正邪

而正用有利有不利生有厚有不厚此舉其正者利●者厚者

言也水火金木土穀惟修諸語所謂府〻是也正德利用厚生

惟和諸語所謂事〻是也合而名之曰九功

先子閱說文含訓一米按此一字當讀如口含一之一說文甘从口

含一一道也道為道案之通假字注家以味道之腴釋之非也許君語此

一乃精擇之米非含之而甘食訓一米與皂訓一粒皆是精擇

之意 夜寒頗凍

初十日 看王而農通鑑論 說文䑋訓羽用羊矢標為羊矢棗不從

十一日 雨老碩老同過我云明加減不必論西夏矣

十二日冬至節 遲明聞雨聲 禹言四十生日

午後過精舍觀李龍眠山居圖卷 齋仲實得張得中

延陵碑記足本尤為圖譜色然[illegible]哉所自出

十三日 齋仲假我以所藏吳鼎刻錦紋墨子兩種 微雨

十四日 仍微雨 讀錦紀十遍又篇（初見集也） 燈下讀孫樵玉儒說

十五日 雨 入九來連催四日矣 元旅本邁重毅千候

雨亭為代装輯要其二本 明白易曉 初學最便

讀錦紀畢 晚月光甚佳 同伯純步至青街

十六日 晴冷 過游岑 讀讀書記孝經論語類 六弟前校

再將機通看重校一過

十七日 重校讀書記一過 禮記類有云 檀弓亦表稱之類也

余晚晴合

十八日 讀吳鼒刻晏子 諫上云 景公舉兵欲伐宋 師過泰山夢見

二丈夫立而怒晏子曰是[墨迹]宋之先湯與伊尹也按書盤庚[墨迹]云兹予大享于先王爾祖其從與享之詩長發大禘也而特及阿衡伊尹之於湯所謂君臣一體者矣齊侯伐宋而見夢於景公宜哉

十九日　讀晏子內篇畢

二十日　讀晏子外篇畢　齋仲爲祖闇齋先生爲雲衢當祖厚齋題種蕉別館冊子詩及書法百語二册　此册雲表珍藏者年　出示於衆茂精舍令渡讀一過其四首首四大隸字即闇齋先生書　有闇為張夕庵筆

二十一日　齋仲又出闇齋君題蘭亭研詩册見示其署

端日臨硯蘭言此四字真書徑二寸餘長雄厚安化法

郙閣頌詒來

二十二日　溫禮記　硯叔兩君招嘗舊館

二十三日　齋中李龍過我看石門頌及恒山廟碑　溫禮記

二十四日　臨齋中蔡中郎集讀之此本為聊城楊氏刻

午後孫師鄭同過雨蒼

二十五日　以子為曾子名參郝訓與為多皆合說文未詳下之讀

二十六日　祖考生忌　讀蔡中郎集　借邑堂寫定子經集

中引經而輯存之以備參證

說文向北出牖也字下引詩塞向墐戶按許君宗毛而用

詩語耳稱字經也　過白石觀龕

二十七日　看陳湖校訂正華山廟三首義　此本為歙徐寶善校

刊按徐君字廉峰晴仲曾祖也陳泰興人（字東之，道光中人）

二十八日　招南谷居齋仲季龍伯石子香硏生訒齋集於拙

居午後同過子香觀所藏馬湘蘭詩王百穀手書通

卷子題跋頗多　有盧擇元（字士厚香）題詩有云才子佳

人通合離青閨依作重書看多情一卷情癡淚滴乏

如今兩知未純陰阻絕離長青阿晴能解得它風波千生

胱手故人贶，珍重画叠莲。二哥（书稿百叶 二页）昨日兵门有报录，

离思病彰失新磨，书接薛侍人争少，难得郎知李十郎。

襄帜纤秋裹石，借奴星骆侵衣关情，风流合胜桃花扇，精

驱相思忍逝一生，岁月遗墨怜宽金屋，铸流传直至今况

是周郎（按周郎之印子音祖也）能顾曲，文仰身得一知音。

二十九日　看华严音义，此书凡二卷，唐都琉璃殿刻

松甫过我　李琴夫自达室示即兄一首云：不戒亦不

饮，画居无俗人，叶菊梅常爱，菊影长寿多病，

知熟知者新，和莫当亲，以书须努力，无登莫读书。

三十日　看三國會要　黃巖楊晨纂　其書似不甚精善

十二月小建辛丑　十二日大寒　二十七日立春

初一日癸巳　買得陸宣公奏議　蔡九霞評本也　惡不足容段年

刻校之　詠齋過我　以所得孔宙碑見示

初二日　讀通甫類藁四卷　以詠齋所題亭林詩

初三日　讀通甫詩藁　名澧誠云　横出鋭入　摯於韓愧　篤守少陵

家法而神明於規矩之外

亭林賦得班定遠投筆　其第四聯云　出屆過筆札書留為惡

鄗

又聯鐵川人鄧寅人丹徒云　李白真仙狂客　江淹本恨人　生涯只未識

真道託羣倫之子才名重 相知皆能覩起鳳之遠鵠羽決海

動龍驤 孤情以尤列一髮雅氣未伸彫年蒼浦雲殘騷玉山

春暮日精詩文回之子業新為徐墉居地僅有和彰辰

初四日 讀亭林先生詩 過白石

初五日 三日來曉夜皆大霧

初六日 汪生為我錄劉逢祿公羊議禮未竟命兒子續寫之

初七日 二兄自鎮江歸 過禹言

初八日 書屋掃塵

初九日 看禮書綱目喪制

初十日 三兄新賃竹牌巷劉氏屋，其書房頗明靜。

海齋過我，恒齋有感也。碩生雨亭齋中季龍次

宗過我，碩頤讀北詩，因頤碩通鑑三函。

鈔亭林詩。

十一日 讀秦恩復刻《鬼谷子》一過。此書漢志不著錄，

隋志始載三卷，撰不詳何人。或以為晉平公時人，姓王

名詡（道藏目錄）。或以為蘇秦師，隱居陽城鬼谷，因以自

號（晁公武讀書志）。或以為楚人，生於周世（鄭樵通志，亦疑其僞）。

或以為即蘇秦假名（玉海）。或又以為鬼幽而顯者也。答拟而祀

者也藏幽無錄題一卷一名信如先名（蘇文忠考亭引劉滔語）然不以為鬼谷子名隱者通號（今道注鬼谷子序　陶弘景禮儀部引）梅福衡岩任明靈耶其有蘇秦張儀說鬼谷先生於坑中之語　拾遺記又有鬼谷語儀秦曰吾死生於山谷此論語余歸谷子云云　列鬼谷子蓋隱於坑谷者　或以為陽城鬼谷也（史記蘇秦列傳索隱謂陽城有鬼谷）據其書自應作通卯以為縱橫家（宋記集解）或作為道家之支流也

十二日　雨　讀管子一過　石生歸耕

十三日　雨

十四日　雪復霽　朱生歸路以手而寒　讀通鑑論

讀陳次亮庸書

十五日

十六日　葉泰庭三賢書院課列上等　以所得膏獎資給為祖母上壽

十七日　大兄遷居竹牌巷新賃劉姓屋　恒老寄孫書來

十八日　灑掃內外

十九日　同伯兄季弟率婦子奉觴上壽　外筵則　母舅暨　塾師翊齋也

二十日 母親六十慶辰 賓姻晉祝凡數十百人 天氣晴明

和風揚詡翔 七月蓋立春[illegible]也

二十一日 雨 禱賓

二十二日 雪 官長祈雪有日 祥霙來應 甚可喜快

二十三日 大風 嚴冷 走謝賓客

二十四日 硯農老過我 過白石觀畫

二十五日 孫師雨亭自不同思過我午飯 述甚饋 有句云滿橋

十日 餓不受一人恩 孫師云恩字易 憐字乃佳

二十六日 楊楚老自通州歸過我 清話 詒我秦篆舊拓

文廬朱府君墓志　同寄老思齋中

二十七日　答恒齋函　候松老　讀王夫之通鑑論

此本乃王氏八種之一，二兄賜我者

二十八日　季龍以所搨西貢釋經見遺，即以秦刻石貽

贈

二十九日　讀亭林詩

光緒二十八年

壬寅日記

壬寅日記

光緒二十八年

光緒二十八年

正月大建壬寅　十二日雨水　二十七日驚蟄

初一日壬戌　天候龢煦萬物皆春　過白石論漢时驚蟄在雨水先今在雨水後今不如古蓋驚蟄即夏正之啟蟄 小正傳有云正月必雷〻不必聞惟雉為必聞之 雉震呴傳 雉則蟄〻聲〻於地下〻雷若在雨水後有入二月者矣是时雷已發聲蟄已咸振余所謂啟蟄也

初二日　南園雅集　三兄與季龍圍棊

怀次亮甫書其言尚平正

不言亭林詩

初五日大風　南園再集　看甫書外篇

初六日風未已　張從申書碑多李陽冰篆額延陵廟記其一也

初七日風止　三兄白石同過洲齋　鈔亭林五言八韻六首

初八日　雨蒼招飲主客凡六人孫師白石齋中県李子及余也布席於四宜亭亭在土山山巔其楹簾襟薜荔竹風景殊增雨蒼養二鶴一化去一送之揚州云

初九日　錄亭林詩　齋中季龍過我暢談　季龍應謝母泉之聘

將往揚州

初十日　摘鈔亭林詩畢　還誨齋

十一日　看續富國策　其種竹造帋說云竹之為物徧地球皆無之　惟中國獨有之　種橡製膠說云　西人謂全地球中惟歐洲之意大利　美國之舊金山　中國之雲南有此樹　中國與英商畫緬界時　誤以迤西寶井及膠樹之地歸英　英人狂喜　以為一日之間驟獲二寶焉

十二日雨　小節　微雨　上燈時快雨　看續富國策礦學編

十三日晴　庭前蘭竹得雨生氣勃勃　看續富國策工學商學篇　看九章翼開方八篇　閱滬報錄旨有女子不許纏足之諭　而為王光一書嘗語女子之纏足猶男子之為截指毁支千百年積痛一朝而瘳　蒼天必如從此遣過升平矣　同李弟步月

昨齋中拈飲南園　雨蒼有詩云　鶯鳥欣能語　秋槐欲笑人　無花當得老鄉夢入春　新聽笑仍征成老家

愧憶淪天涯相識輕誓作太平民

十四日　南園罷集便過薛廬探梅見薛大薛二郎　雨

蒼韻云　老屋三椽花似雪動人自於顏色樣翻

華華年新　又逢寒雨癖　椰清且淪　枉題湖州

黎　能前今民　夜月極佳

十五日　游西溪與耕生同舟往與齋仲同舟歸　暑前韶聽

齋仲云春水才三尺扁舟得五人（齋仲李龍台子岩及余寅生兄子也）　笑談滄

海走業鼓裝取新　八　娛　生　日暇季斯文　隱七淪

君家有●●●作●秦氏。晚飯後齋中復過余約同

步月

十六日　西石三兄同過訒齋

十七日　六弟推今日丑時得一男年月日皆為寅得木之

王氣矣　與老拱飲訒齋小仙一本　昨夜雨

十八日晚聞雷　昨已脱羊裘今復着之　過雨亭論●今

日學堂開辦　有二難　一為經費不給　一為師範乏人　故

不如照郡●●立一●●西學堂。凡學堂之課及嘉西者歸

之學生須中學具有根柢年皆冠及者方入此塾學
成中一經身佛郎務經內遺旨餘各書院講會一
切仍舊但通省課程實事求是如此則所費不多而
得人極易否則名目中西并務實則兩無一成傳云目
不兩視而明耳不兩聽而聰旨哉旨哉　持論明通（訓為之注）
十九日　過六弟喫湯餅
二十日　晴煖　水仙花開一本重瓣一本單瓣俱清馥
可喜

二十一日 快雨自夜至晝 讀莊子内篇

二十二日 晴 讀徐臺峰先生所箸五代新樂府 看五代會要

二十三日 南園五集和師 和雨巖韻云 簾櫳深閉醉眠紅幾人

倚竹萍水飄零 喜值重華新 有詩聊歎飯 和合際

論換酒 隨處是何必萬古民 忽南園歸 薇仲送雨

蒼崖殘板詞來 看約看板 詞云 送餘寒滿庭疏雨收下

打破清春江樓 幾度春去人間 腰仍東風消瘦 春到得

意匆地 春將秋光相偎倚 是誰讓我 早樣碎 胭脂和

愁萬斛。釀作蒲萄酒。好喚起天來吟魂播。龍而今出

醉醉處。人間不用貂求衣換。好此耐他紫霞。還怕郁郁盡

子歸尋著花神。嘀嘀上口。便打疊芳心。共春歸。事

繫住嫩黄柳。　邁陂塘

二十四日雨雪襍下　二兄鷄鳴登樓利下眼。升通室散棄

補庵　三兄示予咏李忠節云：六飛時流思謂六如出覽算

是精忠。明知一死留恨。徒莫扶。算（？）功。豬張勤王歲

都不在。成敗由天命。失和衷是非難論律。只定大節因事不

前同

二十五日晴 出前遺疏，去要以去之意存謝賢否，序事務為主因

咏三首 人世難，壬辰事。無如骨肉間。戈矛羣小隊。水火十年還。無語坤乾易。傷心晉泰關。老臣勤死諫。遺芸濮府閒。

卻憶中興日。當時聖母顏。嗚呼方寸亂。將相一遭和。貂璫謗朝長。餓斃姦政不滅。魚肉弄此輩。黃屋當山河。宇宙真奎宗。長地乃大忠。可王貽道器。而成陽羣起。但有人倫在。驚地軸道。前宮涕淚流。多合謹護。廟付遇我

看五代會要

二十六日 聽師齋中同往雨蒼處看梅 歸閱過東園小體

二十七日 孟蘭今年 又慕並蒂 去年 詠菊 云視此

年——並蒂花果然 鈔五代樂府一過

二十八日 聽師詠慶梅云 芳情稍步早春天 陣梢在風又一年 小齋竟

開以奇獨 歸程還占百花先 命服衣相傳覓觀 不慣種植上年

蓮 縱使唐手從鐵石也應回首一潸然 看五代會要卷六經籍

類 長興三年——中書門下奏請依石經文字刻九經印板 云乾祐

元年）國子監奏印板九經內周禮儀禮公羊穀梁四經未有印

本）詳刊誤唐為三穀梁即本）至漢始有也

二十九日　會要租稅類載周顯德五年詔云遣使之稹長慶集又

有同州時所上均田表●又云今賜元稹所奏均田圖一面據此則表

外圖也提要但據詔之前文遂斥歐史為乖舛疏謬殊甚

三十日　點左曜我孫箸籌精爍其情　讀漢書敘傳南史

蕭琛傳所稱鄱陽王漢書即此一編也

二月小建癸卯　十二日春分　二十八日清明

初一日壬辰　齋仲贈我海源閣本蔡中郎集　鬼谷子有胠之篋篇與莊生書同名者揣摩之篇或又稱作蘇秦書實皆私也意林引人動我靜知性列實累知命列不憂以執義臣以仁他臣云之大旨為儒家道家之精言因為論白一首簽齋仲云胠篋從莊叟　巖叟揣摩空傳蘇秦玉蕊金葉窺能識只有徐生題識人（玉蕊金葉子兒　金樓子）

初二日　讀五代史死節、唐六臣、宦者、伶官諸傳　六臣傳張策文

同居洛陽發化至洛井得古鼎銘曰魏黃初元年十二月造吉平

案時年十二以銘為謬證黃初元年無十二月也按案之為人歐陽公所

呵為庸懦不肯傾險檜猜諂利貴囿者[illegible]也以時小蹟不足為信因

所得物品是寶器甚鼎識于二月銘刻於十月觀瀾于時為

吾而紀之為黃初五年 吉平姓名與漢縷古當補入吾家

掌故也

初三日 盆蘭發九華一莖一華 晴窗靜對如共

古賢

初四日　撰鄱陽縣新示府一首　鄱陽縣出自汝陽敎化井漢家

真物語與領縣錄十一言歎黃初元年春二月匠吉平空畫

縣解殊嗜奇，稱此不言珣玗琪，殆興丙有孟嘗之三月段

延康十月禪鄱陽縣成即在春二月安能先書黃初異光卓

郡吉平我同姓神工舊諱曹庭命建安二十五年春新年隱慈

至不更鑄縣前銘縣後壹敬說銘詞誇焉手十三張

宋諱了了大東莞押傳國寶

初五日　讀五代本紀及梁唐晉家人傳　光子穀梁畢業五經粗

立　在印刷局通摇本　本版九廣此為一張則列明析可云精細然亦輕目矣西人制作造形僅推一時而不可以持久大都類是

初六日　風　訪師雨亭同過禹言　禹言今年館於常州倪氏

讀漢周家人及諸臣傳

初七日　讀五代●雜傳及諸世家　前蜀世家王建少無賴里人謂之賊王八　今人詈無賴者為王八蓋本此也　歐公書前蜀世家序有云夫破人之國者難與爭於舊位之附侍臣者所錄焉然序

隔雨嗅之奇也　三兒吟白來觀蘭

讀孟子題辭梁惠王公孫丑滕文公篇　此微波榭刻本阮氏據以校注疏本者也

不得於言勿求於心趙注人有不善之言加於己不復取其心有善言也直如是矣玩趙注知下文我知言即與此文相承

初八日　吉齋自淮來　讀五代史畢

初九日　秋齋蘅皋過我

初十日　天氣驟煖始着單衣

十一日早聞雷晚得快雨　讀孟子離婁篇

十二日 春分 種荷 讀孟子萬章一篇 大風轉寒

十三日 微雨 讀孟子畢 趙而不有學术則亦不有事术據

趙注謂世謂知儒世王人則亦知儒世王人而已 實不然也

此乃孟子自經之言 其言見知易聞知難而不知見聞難

易之聞者則為君世識孟子所謂者今之無食哉足證也

世不知孟子孟子其自知矣 同二弟之過子湘子齋

夜大雨

十四日 有晴意 向師撲往南園 看海棠玉蘭

吾只書

十五日 寒雨 讀靜文 看宋史紀事本末

十六日 陰晴 看宋本末 讀荀子勸學脩身不苟

十七日 看宋本末 同三兄華嚴看梨花才半開

十八日 同三兄西溪看桃花 讀董子一過 王有五科 皇科方科匡科黃科往科 君亦有五科 元科原科權科溫科羣科 性之名非生與 壽者儲言也 答者察也 豁也 董儒之為言濡也 凡此類皆本訓 精言為劉熙釋名所自出 而宋之大儒訓詁義理二者未有如此之精者也 看荀子榮辱非相非十二子

十九日　讀荀子仲尼儒效　周公孔子為大儒　有俗儒有雅儒有大儒　呼先王以欺愚者而衣食以為積足以揜其口則揚揚如也是俗儒者也　知之曰知之不知曰不知內不自以誣外不自以欺尊賢畏法不敢怠傲是雅儒者也　法先王統禮義一制度以淺持博以古持今以一持萬　張法而度之則晻然若合符節是大儒者也

君邁三兄見寶照附片諸業重事甚大

二兄推今日午刻舉一男　雅碩亭閣可喜偉也

夜大雷雨

二十日　禹言著年贈我阮福孝經義疏補四册　重裝并爲一册　曉窗雨霽　謹讀一過　春秋以帝王大法治之於已事　孝經以帝王大道順之於未事之先　文達此語精實矣　昔十二年言十二孝　引詩夙興夜寐無忝爾所生　補疏引曾子曰旦就業夕而自省　國語士朝而受業夜而計過無憾而後即安　論文爲證　我則夙起而無所業　至夜又不復計所業之有過與否　一日如此一日不孝　日日如此日日不孝　可不懼哉

晝陰大雨　夜大風

二十一日晴 看宋史紀事本末 讀荀子王制富國王霸君道臣道

荀子亦有王制要非漢廷所作王制即入小戴記之王制矣

二十二日 讀荀子致士議兵 看宋本末

二十三日 看宋本末 研師吟白同過詠齋看桂花 研師示李安節有句云 勸君不利還近利畢竟輸人捷徑多 吟白有句云 只有指驅人糟書疆臣義舉有心肝一直筆一曲筆多者其致 暮微雨

二十四日晴 看宋本末 讀蒲清鐘錢代塞通藝錄

二十五日 看宋史紀事本末畢 庭竹生筍

二十六日 看經世文編守令類 和師游蓉舫生白石集於南園

二十七日 看經世文編守令類 夜微雨

二十八日清明節 讀荀子據天論 養略而動罕則天不能使之全 楊注衣食減少而又怠惰則天不能全也 吾謂此即論語先之勞之富之教之之精義也 午後大兄三兄和師舫生雨亭同游北郭

二十九日 讀荀子正論禮論樂論解蔽正名性惡君子成相賦

樂論云亂世之徵其服組其容婦其俗淫其志利其行雜其聲
樂險其文章匿而采其養生無度其送死瘠墨賤禮
義而貴勇力貧則為盜富則為賊治世反是按荀子此
論如是蓋世今之人衣為襍緣裝飾輕佻男女無別財利是
心蔑先王之大禮逐而為之下流服組矣容婦矣俗淫矣志利行
雜矣樂者類倡優謠諺邪聲食用奢濫喪祭不誠葬
亦文華養生送死又如是矣賤所貴貴所賤民為盜官為賊
亂徵之備乃至是歟嗚呼

三月大建甲辰　十四日穀雨　二十九日立夏

初一日辛酉　讀禮書綱目禮記類禮運聖居人也曰養鄭注引孝經說曰義由人出　按漢藝文志列孝經說長孫江翁翼后安昌侯凡五家鄭君引之亦可為鄭註孝經之證

舊買石印通鑑續通鑑外紀明紀四種合刻本字跡稍小而便繙檢分裝四函以備省覽　讀荀子大略宥坐子道法行哀公堯問大略引聘禮志能列儀禮諸記為七十子微言昭矣　雷雨

北魏書穆崇傳太祖紀崇謚法丑述義不克曰丁太祖曰此當矣乃謚曰丁公 八月初四日補記

初二日晴 昨日大雷竹笋騈出 看通鑑本末 讀文選論類

述學釘文正語丁孙謚 許書為誤據 余謂許不誤 史記衛世家丁公

伋乙公得癸公慈母衰公不辰類列 別丁乙癸猶夫衰也 左氏亦稱二十

五年 今君出自丁 疏引謚法述義不克曰丁 丁之為謚固無疑 并

即

蓋古謚偶用干支之丁 後世以為惡謚之釘分別之耳

初三日 伢齋招飲 讀文選論類

初四日 看述學內外篇 其要謂新書序云仲尼既沒六藝之學

卑於者於此用者實也而孫實生知已

初五日　六弟之子生三月而殇　伯祖妣忌日

初六日　看通鉴本末　翊斋过我将往金陵

初七日　看通鉴本末　东华录康熙十七年　步祷天坛是日大雨又是年西洋贡师子表称天主降生一千六百七十四年

暮雨　看群芳谱洛阳人谓牡丹为花其名著不同言也昔人云读重徽雨养花天花独推牡丹矣

初八日　过南园小坐芍药含蕊　看九章翼

初九日　看丁取忠数学拾遗　读韩文

初十日微雨 伯父壽辰 讀唐書杜佑傳 佑資嗜学雖貴猶夜

分讀書 先是劉秩為政典三十五篇 佑以為未盡 廣之開元新

禮為二百卷 號曰通典 牧之為佑孫 其罪言論山東形勢瞭若

指掌 蓋家学也 舊史不載罪言 華若汀筆談卷十二近

代疇人著述記凡錄二十八人 興化劉融齋有天元正負歌四則

最後而学

十一日 雨餘小視庭階 犀笋挺出 牡丹花梁奴桃實重若

不勝者然 讀韓文 沐浴

十二日 明日為祖妣百歲生忌 預於今日懸像致祭 牡丹徵

開去年一穀雨後 今先穀雨也

十三日

十四日 牡丹紫色一叢盛開 午前輕雷微雨 光景鮮明

午後大雨 晚霽 花奄多萎 今日穀雨々適得雨 與正

月雨水々雨 然皆巧合

十五日 牡丹兩紫叢今年開最早 凡九花

十六日 粉紅兩叢漸次將開 午後大雨 早開々花錯々減色

十七日寒甚重綿 讀曾子固文 晚又微雨

十八日雨

十九日雨

二十日晴 牡丹紫者喜雨紅者喜晴今年紫先放紅後放黃候適宜

畿輔以外久雨日望雨以農收為賞望甚殷殷哉

二十一日雨 看陳懋齡經書算學天文考

二十二日晴 讀述學

二十三日夜雨　牡丹香色漸減　入瓶中者尚佳

二十四日雨　南菁文集有釋說文克　據克許訓肩也　疑即梁上短柱　明堂位鄭注所謂侏儒柱　淮南主術訓高注所稱梁上戴蹲跪人並是　故許云象屋下刻木之形

二十五日晴大風　買得端硯一方　其色紫豬石有眼當中央之右偏　惜池首有微裂紋　然於大體無害也

讀東坡奇甫兩上皇帝書　讀蕭東傳介子諸人傳

二十六日　讀曾文畫象記求闕齋記兩記　然以好名為大戒　夜大雷雨

二十七日　曉霽　薔薇初開　薔薇雅即以好生牆蘼得名

二十八日　伯祖考忌辰　同雨亭至嶽麓觀古松

二十九日　立夏　該屋石滁為北屋刻石

三十日　纂著精舍偶集

四月小建乙巳　十五日小滿

初一日辛卯　蓉生自省來，將往江西服官

看徐勤戊戌諸論說

初二日　爲集信撰靈岩登景屯錯語一首

初三日　石印九通，通典先成寄來一部，八冊，此書斷自刻至十冊，準此例之，則爲書千冊，此僅百餘冊耳　聞石印全書共百二十八冊，分裝兩函

初四日　唐王川瑞書聖教序及韓仲良碑，想謂爾儒寓所

師古法碑，賈手叟攜來求售，甚無人問津也　雨雹

初五日　讀墨子經説　曰石甫亭岑白子湘饮兰松斋●三元同拓崔生集杜子音所　崔生云近人有墨子補證之書已刊成

初六日　讀歐陽詢書房彦謙碑　此碑亦王雲物　讀曾文正

古文

初七日　昨以千錢買三康碑，今復讀之，歐陽隸法精絕，乍視驚（後張遷叢蘉子也）此本可以補證萃編者不下數十字。所

亦有萃編完而此本闕者，惜無碑陰碑側，寧更題名

無從閱見耳。　七月十二日　又得碑陰碑側

初八日 季林集中有擬唐人五言八韻叢首吟白昨夜一首亦題為

秦檜為金人姦細得人字屬余和因賡成之云

誰謂秦丞相金人不宋人囊帶南渡假姦細北庭臣早受

烏珠遣蘇緯市恩脚長通齋夏頸重壓舍春光閘

里遇書名咲毒仇納里講社稷剩塞邊經綸出師生聽乳

未封殘節帥君恩何太濃終當趙家臣

初九日 同三兄過吟白 吟更擬叢題屬同人分賦 過篤言

見筐中楷擇賈借錄

初十日 過心蘭見鏡珠高叢刻 中有宗寧書一處說為主借
禮言情未知畫印斷當耳
十一日雨 讀禮記大學鄭目錄云名曰大學者以其記博學可以為政
也又注致知在格物云其知於善深則來善物其知於惡深則
來惡物又注民不能忘云以其意誠而德著也又注大畏民志云使
誠其意不敢訟 此謂知本之本謂誠其意之意 又注斯離之道云以義持其
所有以然於人所居國之要者於此 又注雖有善者亦無如之何矣
云雖云有善不能救之以其惡之已著也 細繹注文則大學一

首篇大要為辨善惡止至善所以識其之義識其在致知致知

在格物善其事善其物惡其事[illegible][illegible]其物於仁義而財是所謂善其事善

物於利而苟實其是所謂惡其事惡其物故天下國家以修身為本

修身以識其為本識其即止至善之說也諸語首尾而論為政

為政云為政以德譬之北辰居其所而眾星共之亦止至善之說也鄙

君善於禮此篇之注首尾一貫也不甚不可易

讀宋史胡澹庵傳

十二日　秦檜在相位主和議時盱眙縣奏淮清其年江水清此志之

有繪之人與　讀宋平庭大學衍義說　乃推本聖賢極學語

看毛朱跋吳秋舫書刻猷詠叢二種尤甚

十三日　禹叔手帕過我　子湘有本孝也節詩並北第三首有向五解指數

是否其名將不逐時題是古質。嚴復寫出生節古平

鄭太碑先真本王叟撲來一拓　不知何人摹刻者殊不足觀

看嚴復譯天演論　其文筆清朗　大似宋以後小說家序者

乃語之與晚園諸子相上下過矣

十四日　同研齋二兄過南小坐　王叟香龍藏寺碑一本　研齋

買得之

十五日　海齋貽我翠岩堂詩鈔　古體長於近體

十六日　借馬言聞戴望管子校正凡二十四卷　讀漢書食貨志東郭咸陽孔僅皆鄭當時奏進汲黯能斥責張湯而當時乃薦咸陽僅鄭去汲遠矣　史記汲鄭同傳於莊●云常趨和承意蓋隱指此也

十七日　讀漢書刑法志武景初正為肉刑之誤至今始明　過海齋

白石三兄

十八日讀史記酷吏列傳　日出有大風寒氣襲人

十九日讀漢書禮樂志　唐書后妃傳

二十日讀唐書宗室傳　曹王皋嘗為戰艦挾二輪蹈之鼓水疾進駛推法與此輪船之推也　自皋善製造嘗自創意為欹器中劃水衡力均雖動搖不覆云

二十一日雨　讀漢書楊王孫胡建朱雲梅福云敞傳　固為五君錄之

二十二日雨　讀漢書王貢兩龔鮑傳　貢禹為光祿大夫上書云犬馬之齒八十一凡有一子年十二　然則禹六十九生此兒也

二十三日　读汉书东方朔传、蔡史王德、王彦诸人传，朔尝服●子路之言，注家以为子路谏辞非

二十四日　过吟伯

二十五日　王里赠我魏元象浮图碑，余旧有此本，●●●今●补[illegible]

二十六日　读老子，论孟子本老子者，言义极多，论之辞之者为天不言，孟子用仁义，以仁义所恶于智为言，声皆是

二十七日　伊秉绶镇江本　读浮图碑，多●淦秋菊之●诺英　朝鲜本藏之珠舫

王里赠之一本也

二十八日 前為秦檜為官人森細討論周禮邦諫疏門下殷之興也伊摯在夏周之興也呂牙在殷心異之今之覺書院適以孙子此文課士因旁摭他書證二十餘證撰錄之為殷周用伊呂為間攷

二十九日

五月小建丙午　初二日芒種　十七夏至

初一日庚申

初二日　宜都楊守敬歷代沿革險要圖說石印本視李申耆為詳

初三日　約白子香同至三兄所午飯，飯後游南園

初四日雨

初五日甲子　午後日暮雨　說者謂甲子雨此亦月中必多雨云　讀漢書藝文志　書禮春秋論語皆有石渠議奏　所列石渠之議固以此四經為主矣

初六日 造白石江宋爨龍顏碑隨得手此碑 爨爲班氏之裔商潘季

有食采於爨者因以族焉 此碑云 高門待書累家駟馬之車矣

爨無獻親愛方兼之拜形刊 手出譯手也 唐韻手身邪姓不云

系得手 讀墨子兼愛尚同明鬼皆孝經大義所存

初七日 得漢王渙石闕 魏張敬造象 隋尉富娘 張景略墓銘 唐似南

袁君首墓志 凡五種 循吏美人故家名士芳風惠緒楚也借來因是一

適

初八日 三兄約餤蒸餅 梁天監井闌題字吟老蒲年有絕句一首詠之

云醇孫阜勸齋和帝甘露難求跛腳收鶴有慈悲及門旅君

主原是老浮屠 天氣熱鬱坐水中伏 夜大雷雨滌煩振渴矣

初九日 讀管子大匡中匡小匡 以管子兵法篇孫子多祖之

初十日 讀管子牧民至樞言 樞言云道之在天者日也其在人者心也

浙江大學舊址考證 今有城周百六十一方里四面開門南門外有塔出

東門三里見之與塔角高適成一線同塔距南門以東千里樓然有

而句有小股有中句求中股距也 以先化里為步 半方是邊自乘

為實以小句為法除之即得

十一日 以元象浮圖贈海藏張景明孫子湘 讀管子四時五行 五證處小

正 連日時雨時晴

十二日 讀管子霸形霸言問戒諸篇 問篇尤精實宜精錄一通

刑部主事吳保初有請除禮以摺請剛接亂民以杖外黨李櫓外以杖

同其言否證平又正直 以伊呂為問為就事言正之

十三日 讀管子君臣小稱四稱正言修靡 修靡文多不可解

十四日 讀管子畢 地數諸篇 度陸水為營雖重乙云協出陸不止山生產未

平息醫州陸即海乘之國也法民政陸為沸 隱忍然 吟白有謬

武帝論以春秋大復讎為主 言極之痛快

十五日 作管子傳小辨 六弟來 夜雨

十六日雨 看宋史劉錡吳玠傳 讀方壺集畢 書孝婦魏氏詩後云後世人道衰薄天地之性有所壅遏不流至鬱而鍾於一二人故其性之發為偏特之行而不必執於中道能用以節柱扶衰則固不可律而議也

十七日 作管子封禪說

十八日 過白石閱筆訣大要指不動而腕動其解腕為手之宛曲處也妙

第十八冊

十九日　讀考工記鍾已厚則石　石鐘山將卽本此

二十日　以萬爲董子讖緯百家以明其軼之一統語於本義未能甚明爲斟　易之垂衣上宮書疏亦引此經其下云案語見書無題緯不合於道者謹條奏　伯聲來　考工記注有殷句股以爲尊者屬詳說之

二十一日　讀考工記朕燀加書通疑東原以爲舟縫紉也考工記爲齊人作江慎修已言之　看程瑤田創物小記

二十二日　天未明大雨　曉霽　午有收微雨　讀戴東原考工記圖

讀易疇創物小記及磬折古義補正戴氏不如

二十三日 恆齋自江陰歸示我南菁文鈔三刻

二十四日 讀南宋諸列傳 看磬折古義

二十五日 過恆齋

二十六日

二十七日

二十八日 病臥兩日今乃起喜飲食尚多疲耳 夕夢亡三兄妥大喉是可徵矣 午後陰雨

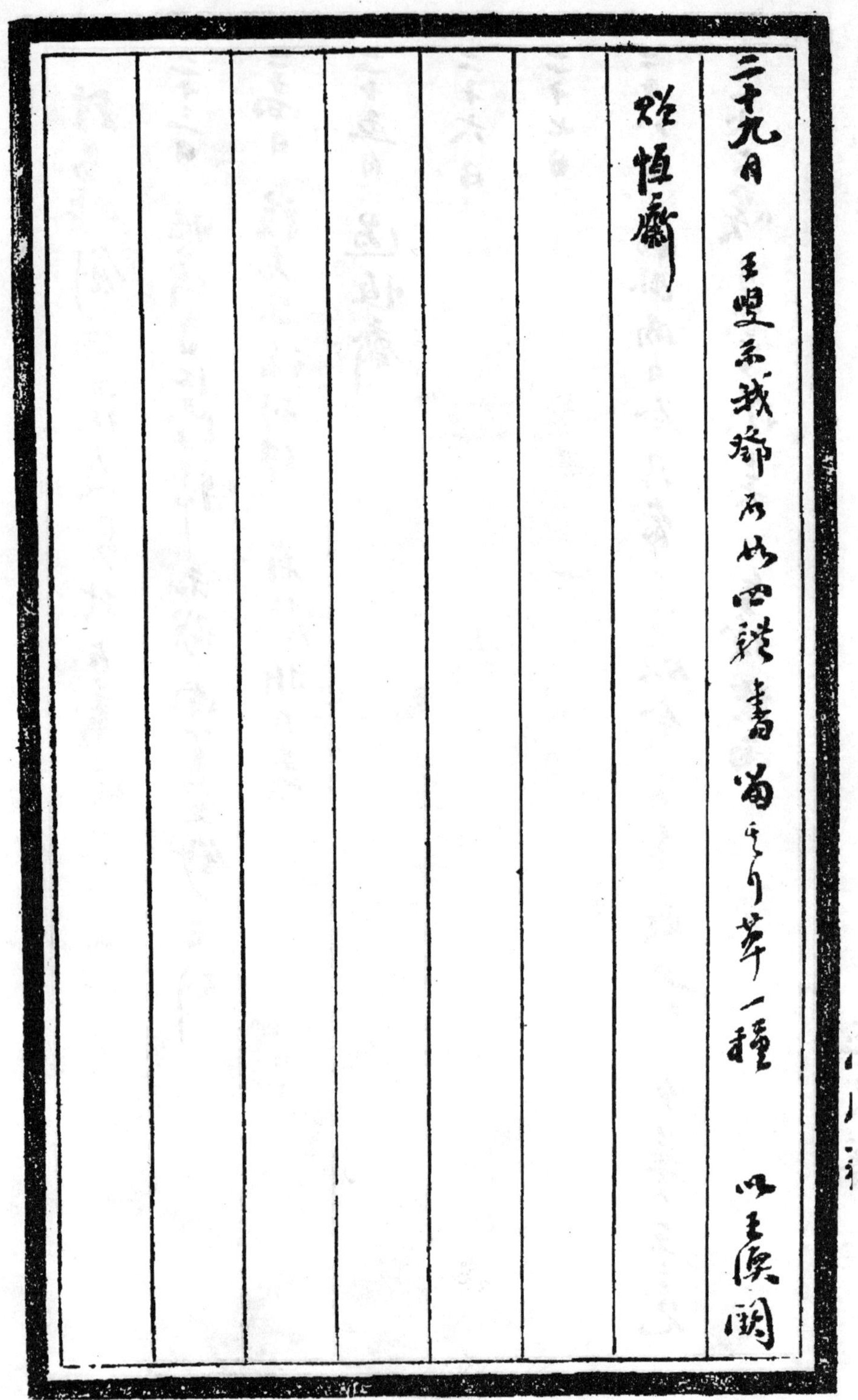

二十九日　王叟來我鄉石竹四號書簡乃月芹一種　以王廣閱

烬悔齋

六月大建丁未　初四日小暑　十二日初伏　二十日大暑　二十二日中伏

初一日己丑　縣官求雨

初二日閒燁　夜夢至關帝廟前買書　書徑皆二尺許　凡買二種　一為廿二史輿地圖　一為石鼓文　文不知若干本　非記冊首編載蔡駿驗字樣

初三日驟熱　葛書封精六壬云　某日内有小雨　初八日當得大雨

初四日

初五日晚雷聲隱隱似有雨意

初六日　揚州寄來通志兩函廿四本　蔣希徵函索題

看尉繚子

初七日早大霧午前後濛濛雨旋晴　以中煩熱寫字百餘箱

雨

初八日城鄉往往疫氣流行　都天神今日廟出巡

讀陶詩

初九日　庭蓮放花　讀後漢書儒林傳衛宏傳云馬融作毛詩

傳鄭玄作毛詩箋因焯按之謂毛詩出於馬融然序既爲衛

宋儒不屬馬融到毛公於詩義者一語恐不能也竊疑鄭自爲

馬融傳作箋今馬傳不傳耳後人以毛傳鄭箋合刻遂

而傳散佚數百年前無復相之謂

初十日 讀陶詩

十一日 陰雨未快

十二日 雷雨仍未霽足熱蒸殊餘

十三日 看通志孝友藝術二傳吾家彥霄先生在梁時以孝行

純然非通易老勅付太常旌舉

十四日 午後遮雲不雨 過恒老論學堂事

十五日 雨亭昨過我 午後有黑雲自空中過 仍不雨

十六日 張雨亮日至庭乃賜下 看錢坫車制圖考

十七日 自昨夜至今晚雲微不已甚快々々 張信過我

書農先生昨日於洗室發病 殁 七十々年 徒以家累飢驅

於外講授 一往千痛也夫

十八日 讀邢原傳 康成門徒多儒雅々士 邢原門徒多英偉々士 青州

學派邢鄭齊名 陰雨 芙蕖映竹 愈覺鮮明

午後大雨 書美書蓍

十九日驟雨三晝 三兄過我

二十日晴 揚州寄來通考兩函三通都五十二冊又考證一冊

看古文續纂

二十一日午刻雷雨申刻旋霽 雨亭過我日候白石見為菁二集

其文多不如初刻

二十二日 看古文續纂 薄暮見飛蝗滿天

二十三日 祖考忌辰

二十四日 讀援之子 歐陽文忠王一孝序手蹟家記

二十五日 看金樓禮贊

二十六日 看李子錄

二十七日 午後震雷暴雨

二十八日 為陸寫畫論

二十九日 海鹽過我 夜夢獲古硯背有蘇軾嘗麟題名 曾不知何人 金慎 字嘗

三十日

看鄉中志餘

七月小建戊申　初五日立秋　二十一日處暑

初一日己未　讀周下和嶽麓碑〻麓爾之山林寺碑

初二日天氣新涼漸來秋意庭蓮又起兩花

初三日　得杭州府學石鼓文及建初買山刻石六月初二夜〻夢見有徽幾皆所語輿地圖不知何語當即指會稽買地也〻刻耶　果否刻　二十九日夢研忌必有以酬矣

初四日雨　為蔣石校補元次山碑　倪〻全德●●即倪〻●●●●●●字書無倪●●●●●作倪者盛似有也

初五日　清理積年所得之漢魏以下諸碑幾三百種，錄之寸之，不覺至三[illegible]鼓。碑如是，凡學皆然，可不勉歟。

初六日　從上王叟將還山東北襍碑[illegible]種，來易番銀一餅。凡魏二、唐一、宋一、國朝一，曰關勝，曰金剛經，曰高元裕，曰郭景脩，曰鄭君如。暮春雨揭館，居讀再過，關勝曰最佳，書亦僧翰。千言，君如隸書中至四體之一，隸書中有君如穀歌之夢還之波餘也。

初七日　細讀關勝碑，關氏世為河東南解人。勝祖子林封蒲陰侯，始居於蒲陰。按三國志關侯傳云河東解人，是勝即侯之系也。云南解者，魏之時有南解北解之別，三國單言解耳。碑言關姓出於夏禹之人，吞鳥卵生子手握關字。又云漢順帝時有諱遂者，為征南大將軍、益州刺史，其人當為關侯祖矣。侯廟食千秋，廣被隆重，殊無更推之者，人皆不詳。又稱為先德范書之傳，則此碑之留貽甚有益於稽神系、揚前休者為甚大也。頻年之夢其為此與。又為解

以檢李兆洛《歷代地理圖》而得尤異夢境意合
初八日早起，以碑畀之告雨亭，詡齋五小弟生日
初九日過白老，述閣碑一字成就，補謨書字此碑極剝蝕
汪瑜臺全未過眼，録其全文，蓋脱去甚夥，據本集自力以
求之，出汪録已百字以外矣，倘再得兩三佳本一互證，對
詳一折，其美之美之美也
初十日居林以其家山公先生所為閣侯祖墓碑記示我
以閣之為我謨臣閣碑，瑜字雲綸之，雲浦、瑜臺之孫，皆

切實可據　頌齋過我

十一日　紫薇花開　六弟來與談開碑　又得其字

十二日大雨自昨夜至今曉　閱體子將題行此可以無慮矣

汪頌齋語潛研堂有關滕碑目今檢諸尾墨之　錢別有目碑

王西莊為潛研跋尾作敘述金石之學者專取一縣一地一山一廟一

碑者考備而不全云云　為集傳跋所原門多英偉論

十三日早起看蒼霞詩　百寫林氏選國朝文雅正理學家居多

十四日同白石過恆齋　看國朝文雅正　亭林郡縣論寓封建於

郡縣之行其制甚善

十五日　會典有春秋各厲祭之文今郡縣以清明七月十五十月朔祭厲即其禮也　二兄手種蕙蘭蕊花甚多靜坐對之香氣清烈可愛可敬　誠齋之遺人送花來多多益善矣

唐元和使院石幢記為譚山儒書極似顏魯公在銅山縣

潛研堂跋尾凡二十五卷余僅有十九卷子湘云有全刻當借閱焉

十六日　過子湘見潛研碑目有黄州刺史誦德碑　並不著年為闕

勝亦昨矣

十七日 同人祭海城李生二節於晨茂精舍 今日為公授命之辰也 與祀者二十餘人 吾鄉人為多

十八日 子湘以鍾馗一手一錢畫扇屬題 因為絕句四首云 李唐遺事記華鬚 斜睇丹墀付子虛 手把開元通寶字 不因珍重寧更書 斷憐吾身困甲科 一錢不直老山阿 年生已向儒窮鬼 道上揶揄不素魔 詩閒海魅接天驕 退送去能呼幣幣萬之 赤刀都不識 何如蓑衣士從業去髮 武臣遷策文臣罷 笑子真

存報主恩。我善君家信白趙精楞原起部黄金。

十九日　讀明史闖賊李自成諸叛傳。華亭夏寅有言云：君子有三惜：此生不學，一可惜；此日閒過，一可惜；此身一敗，一可惜。　作舟病瘥卒。

二十日　讀明史循吏傳。　子湘示我楊源唐氏譜、閩帝不足讀。

閩志胡璉傳世系閩王云：閩氏之先出夏大夫關龍逢也。閩氏譜云：王審知生於光啟中，居侯都，審知播唐僖宗時爲宰相。

報千文宮李唐二宰相世系表。新唐書七十五下。夏大夫，鄭作關大夫，誤。

讀魏書帝紀。　恒齋病，同三哥往問。

二十一日 讀劉石菴帖 讀魏書帝紀畢 千葉蓮開遂

而能久假彫之松柏也 [illegible]

二十二日 看魏書皇后傳 研齋過我 同治元年府尹蔣琦齡

應詔陳言凡十二條本古切要

二十三日 看魏書宗室諸王傳 聞楊君武之卒於鎮江

二十四日 天暖後擬雨 再過我述恆齋之病革 即往視 數遇研齋云

亦不可為矣

二十五日 恆齋沒矣 悲夫悲夫

二十六日 往吴恒斋 为联 此乃之天不假君年 依然满地秋

光 掩霜蘼披烟 竟别东坡花树去 世谁为我撰记 何昨时

李宴 诹经论史 ● 忆北海酒常开 雨亭为属挽一联 云我

无传派 喜人难得 雨三方联修集过 从此福哪生 ...

且新 公真健 尚如昔 又李年八九 而情满怀 臆 ... 生

挂 只有地难埋

二十七日 二兄为属为一联 云君而为右氏阴汉 ●●●●●●●●

●● 此身持作有 蘭 ... 伊鐫鏤人 ... 颜 ...

今日宜寄墨，令郎钱代佢

三哥属为一朕云封事，皇家图人间孙孙书种谁

为不奇，请从此寄饰，偏此归孙孙讲庵君意之青言

此一勾作从何翠耗烂意听雨然清中年交为换君

武丈及作每顺句

为先子卜佳城，或将临原，览傑来资，猶声明矣如欢图

蘼溯芝兰，多蒙董殷勤付托，日后传之 君

昔岁借文社诗坛刻搭身将弟傑，隋有素馈为吊

家。人但從祿處覓陳。誰識胸中鬱壘。牽牛白馬

是居流。作

二十六日。壽農先生將殯矣。伯父命為碑撓云云。川年七十。吾

弟飢驅。季初弦下。貴祖腹中。多少英雄。沈論此地。老夫二三。

惆悵閱死別。後社遊前。看山會哀。讀家情話。悽愴乎

生。

二十九日。雨

八月大建己酉 初七日白露 二十二日秋分

初一日戊子雨 雨亭廿歸原子書吟白門集於三元所

初二日 三元以前蹤未老屬更為三元云我病君臨一卷留書

情景切實傳爾讀于秋遺集無難祇又為大元推馬云

期我情於人事● 素樸偶康我擬私情園林才小住回憶

素秘投贈君太多情 吟白雨亭同過詩龕

看魏書李文諸王傳

初三日 雨亭以前蹤未老屬更為三元云立豪士屬元龍即論革

陳維楨已少時知敵手神工斷扁鵲空復忖量診視

難信帝所爲招魂

初四日 看北魏列傳

初五日 二弟勉如此六月底病卒今日五七蔡爲挽聯云 距外王母柔

相從 宦游抹持 孝 湖南丈人生正當六

十年承讓

月冰雪 驪駒 萬 安 掬 失 蓋

初六日 三兄前挽恒內 仍未善 重擬云 蓬老瀾君息 生慚東道情

疏 病榻難爲立爲扁主若詢費辭家 夢息南園夢冷 魂隱怕驚

魚之　舊屬為撓作自咲撒手竟人天風雨和思騰香梅花千

尺水歸魂處佛地津梁太苦莫為金粟再來身■■■■■■■■■■■■■■■

又為撓長鄰季君舫君三十年舊學日為底面壹於室舊遺秋苦雖恨壹

文綜蒼第吾黨畫受隣不為然風在唇■■■■■

書畫

初七日

初八日　同人以今日不借場屋中人因小集於●襄晉精舍

為孫師丘一字難予得副車

曷只子所撓阻毋我留譚此意開回首書來剛綱嫺卻是

漢陽年少傷心門下天涯淚

初九日

初十日 與湘臣聚於壽春處所 長杏農自省來信云儀

徵劉張儀游於江

十一日

十二日 六弟生日 於三兄所見宋刻殘字二部 精是

刻本也 東園櫻花亦盛可觀

丑只書

十三日 桂蕊叢華香滿庭徑 看禮書綱目

寫石庵帖

十四日 丽齋過我述吉甫首語題為淳文云示藏祖除稅而物力充

美洪武帝算舟車權量錢●均輸而財用不足諸唐楊綰疏停能

經進秦漢唐宋元明歷代考試論宗神宗罷太學之居廢除

東平諸生伏闕上書請起李綱即出為太學諸之有遺不

在拔部等而征兵無力之盛直至拜羅里以西諸明以前費力

卻徐兵明領墨●田使措治京畿水田諸

十五日 雨亭心舟岑白蘀石三兄午後同游大隄月上始歸

十六日 讀禮書綱目孝經弟子職少儀曲禮四編孝經即依朱子刊

定本 看元史太祖太宗定宗憲宗紀 与石為余題[illegible]

招之雨 [illegible]

十七日大風雨 看元史世祖紀 趙葵拜相言者謂宰相由科目進且曰

宰相須用讀書人蔡蕃袁甫云雖是不學無術亦足振誠之

語以為斷后覆所謂以書敢據遍拆之言而斷諸宋人四六之格

格此不見 五代之語但用北宋人故實尤見當仲之藝推李翱掌故

十八日　先公忌辰　讀禮記檀弓篇君子有終身之憂謂忌日也
祭義曰君子之所謂孝也者國人稱願然曰幸哉有子如此所謂孝
也已先生勉人為賢子之意何等厚也
十九日　佛照自金陵歸　招諸詞人飲　生者白石詞各一冊先
吉齋自淮上歸
二十日　夜夢先公嚴戒余以毋驕以形　吟白雲亭請君招
集精舍　提擇經疏參物鑒舉孝之屬試帖一首吟
白擬以園題為五試帖題屬同人分詠之

二十一日　為陸文誠祖餘撰試帖錄齋送我賞之　翁保吾士足

送報

二十二日　孫師省試歸　今年三場實到者計萬有一千人云

讀李綱傳　自存過我

二十三日　為陸東士書請題李綱試帖

二十四日　為之平無璣徐及明題少白試帖

二十五日　看新民叢報

二十六日　三賢祿題李綱手跡合論不主和議者至太上此兩

覺所同也

二十七日 撤譖函首中之昨義分疏之

二十八日 魁光爲捏謠誹俍書院謠粗不觀

二十九日 泰和居之劉璘呆史類有隔墻系陸秩及韓熙天章已多矣此墻初僅一短短父親及二伯父在時創議按高加廣今日蒙福無數前人之慮遠也

三十日 看新民叢報

九月小建庚戌　初八日寒露節　二十三日霜降

初一日戊午　芷湘過我

初二日　芷湘爲試帖截　凡百首將付梓　而擬於重譜畱餘遺花集

中五言八韻之作以告之　聞星石自省歸往候不值

初三日　過細齋觀蘭　腹中時作鳴　午飯後不甚快　過白石

閒話　見王霞舟墨蹟

初四日　星石過我　又與石於李家敗簏得心茹手鈔六朝唐

四●六文佳句一冊　以茹不知何人其繕法端整●●●●可寶

前書讀隱鐵論一逼不引妻秋書石史云單者盛然卻

來典 白石非人雲所訟年月日時者讀之題中

和二日往年作舟渡為聱以中余悲云 歡君情右潭水蘭君

難今江都 餘事佛還仙雲就駕二方壽此玄料死歷江粵

雲我素墨挺硯晰我將蒼蒙將 半時農 典 雙

難斗弘 除是夢山川

後王亮毛脊仲長統碑

516

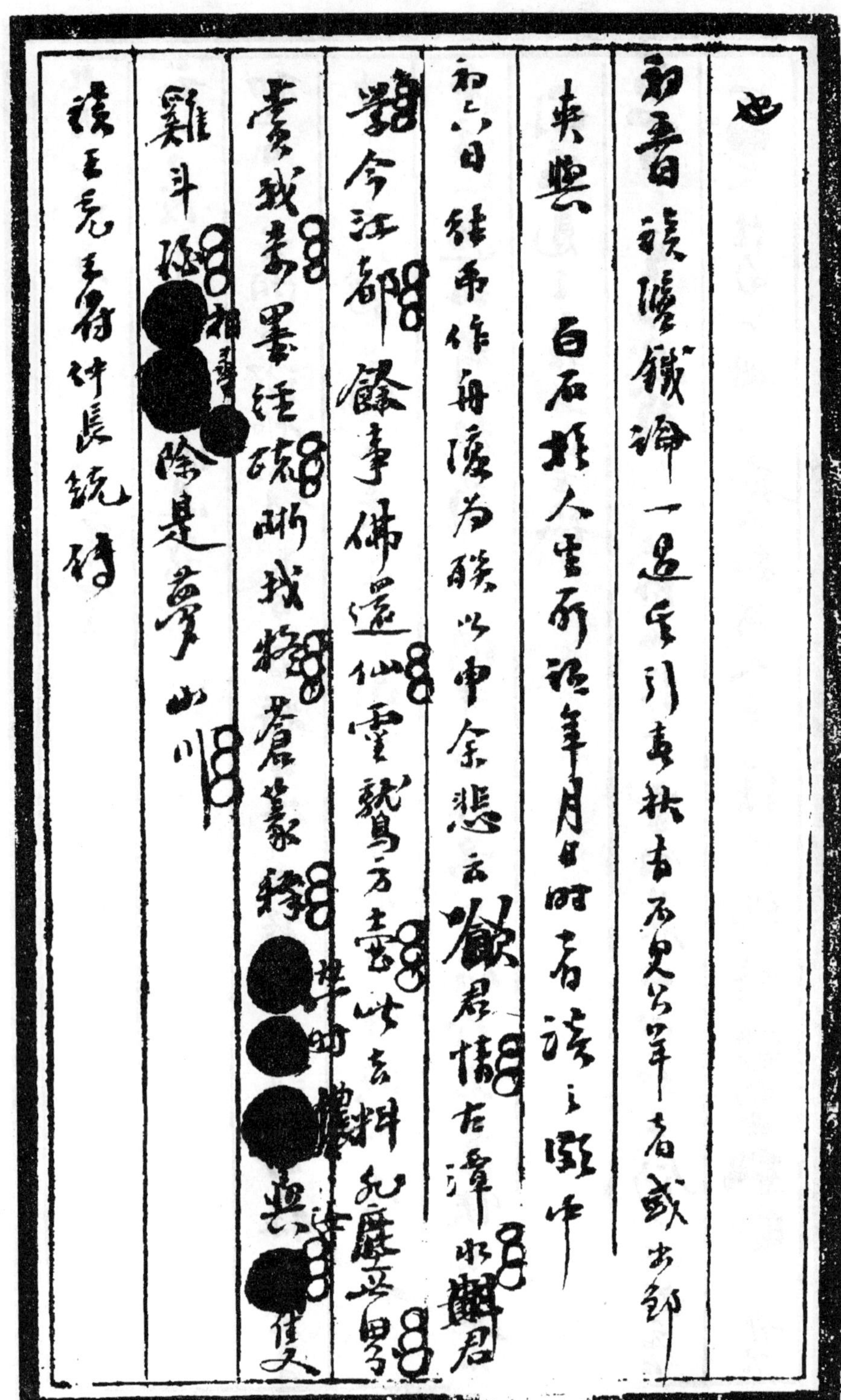

初七日 東園小憩綠樹清陰並懸秋蘇惜主人南川窓牖
皆壁鏤不可開拔瞻眺殊未暢也
初八日 公臣招集聽巢 坐有叔師石居山房石廿孫石將之古浙江
叔師煙隈句云藉呼尔手荚荚初八西石書以八分其●●
波磔皆●入妙
初九日 苦湘約游西溪為陸高之會偶携陶集詩對句云集
鷄招近句未曆有餘聲 是日同游者十六
天久不雨蕭蕭今微雨曲晨謠語今日雨則不長冬乾矣

初十日　腹鳴未愈，重以海食，頗不清快，訪介為我立通湯

滌滯方，服之大佳。晚，如方雅歸，言病者五人，以立兄為最

甚

十一日　恒齋出時留傳信錄、徐世緯編及逸經文子雲華

錄合訂，語無特定而圓。其東華錄、道光朝，恒以抄補

頗多，其涉夷務尤加詳，蓋所黃潤輯，於新人還往錢

奈嘯苦擬題之編，至師卑宗東華，纂五朝當年

奇，討論頻煩，于山友于古一般離別，繞錯魂　宣宗卅載

升平世文武酬嬉宴不數多稍看傷心人太息邊陲南禍記兮

明[illegible][illegible]昔年遺德荊州借今日壞綠題壁完想郵中卿知來

賦騎俞光典與同相

詞齋撰金縷曲一闋云才對中秋月又颯颯西風屆了重陽

時節載酒尋花佳客興領畧佳設玉簫乘此夕蒙園

綠徑冷雨孤幃冷燭悴積殘篆重把招魂尋聽斷

譜夢中說夢事下壯志休說吾算剩只遺書幾卷春燈畫

未遠遙那須數公尋故帝瓊重半生心血賬繞屋空流

懷個我亦半年憔悴倒更何堪層序先摧折茱萸

謝共誰歡情芳語苦懷抱動人

十二日 松甫過我

十三日 風雨甚寒午前聞雷

十四日 浙闈揭榜念白獲雋

十五日 過翊齋觀蘭

十六日 晨過東園看樹樹楓朝曦映霞光氣皆成金碧

頻醒歷日 讀趙充國傳

十七日　鎮江科試三兄、六小弟及紫恩偕往。讀莊子養生主。

呂駒瑞楊茂才天毅母朱宜人刲臂療姑及夫疾皆愈，壽七

十有三，今年秋卒。生平好佛。茂才乃母孝，徵詩銘已應

歌，為七絕四章云：蕉葉上書門貫紫陽，車壙百兩[illegible]鍾堂。

霜陵偕隱人，千古不妻梁鴻耦無光。未供佳知實一臠封。

貽卷香訓拜悉，剖明袖底刀痕至殺，仍惹括更救之。七十三年

海角夢[illegible]天，花散[illegible]羅，謝徹歷[illegible]消[illegible]，誌年邑法[illegible]已，是年邑法

[illegible]射文郎早結伴宮廊，更喜孫曾[illegible]偕[illegible]起，冥知他日要知事已

自瀧岡阡石表遺阡

十六日蘇石上浙江為詩體上云瀧本三益至直須冠多問自惜天倪

撫相書遺世鏡之終使勝攜上處種谷漢將軍賦傳風塵同年生曉撞

君大錯九州錯一夜爭處隨小探氣無難池底魚科秋來鴻鳴

滿自田命度行鑄生程石俄試聽舞手歌鵬安魚身出飛舞不

勝情石室朝殊不西湖求正年三千生鐵聲千萬錦衣茅霸氣消

康東西無峽峰川紫埃集野飛去勞動睫裳光日分錢推共情睫以業

春味冷寄野宦情抛眼底鏡訂神併把燧庭島軒不成粉指

亨甫賓卿

十九日

二十日 江南昨日放榜心蘭弟補卿獲雋

二十一日丙

二十二日丙 讀江右題名錄吾邑中二人韓庭徵張瑜清丹徒九人

季龍以亞魁尤足喜厥登元為單鎮朱錦綬之前茅

兩君皆南菁高第也朱字達侯其駢體文健舉似稚威

典雅似稚存余最喜之

二十三日 過謝橋逾碑賈來買得漢朱博頌韓騶騎季倚

御史●闕 李君名業字巨游梓潼人王象之輿地碑目云

二十四日 夜夢至一古廟廟南有潔室室庭中懸楹聯

云博州得一丈之殘佳筆勢飛動可喜錢莫能明其

語也 醒念白云甚閑依首聲以申韓之詮 題為漢宣帝侯覺如四門得楊名寫

二十五日 讀曹全碑陰

二十六日 曹全碑殆近婁壽碑碑陰剛雄厚可得拓者多不及

陰昨碑賈 許迭泰揚州人年二十餘 以前所置者來要而去之又買得

孔子弟子題名凡七十三人有蔡邕環林敘中根當是文翁石室

畫象題字其書法神似爨龍顔寇謙之嵩高靈廟

人所追書也

二十七日　二兄生日　題石拓師詔壽以蘭貴碑詔壽集至

弟子題名有類仲會類集史記作懈仲會步樹桑棪樹

仲步懈皆不取桂嵩從此刻作類懈類為段字石不入

蘭余字以定之氏謂即類字桂氏書校易此勝也

二十八日　讀孫淵如先生詩一過　吳伯成撒閔訪蜀

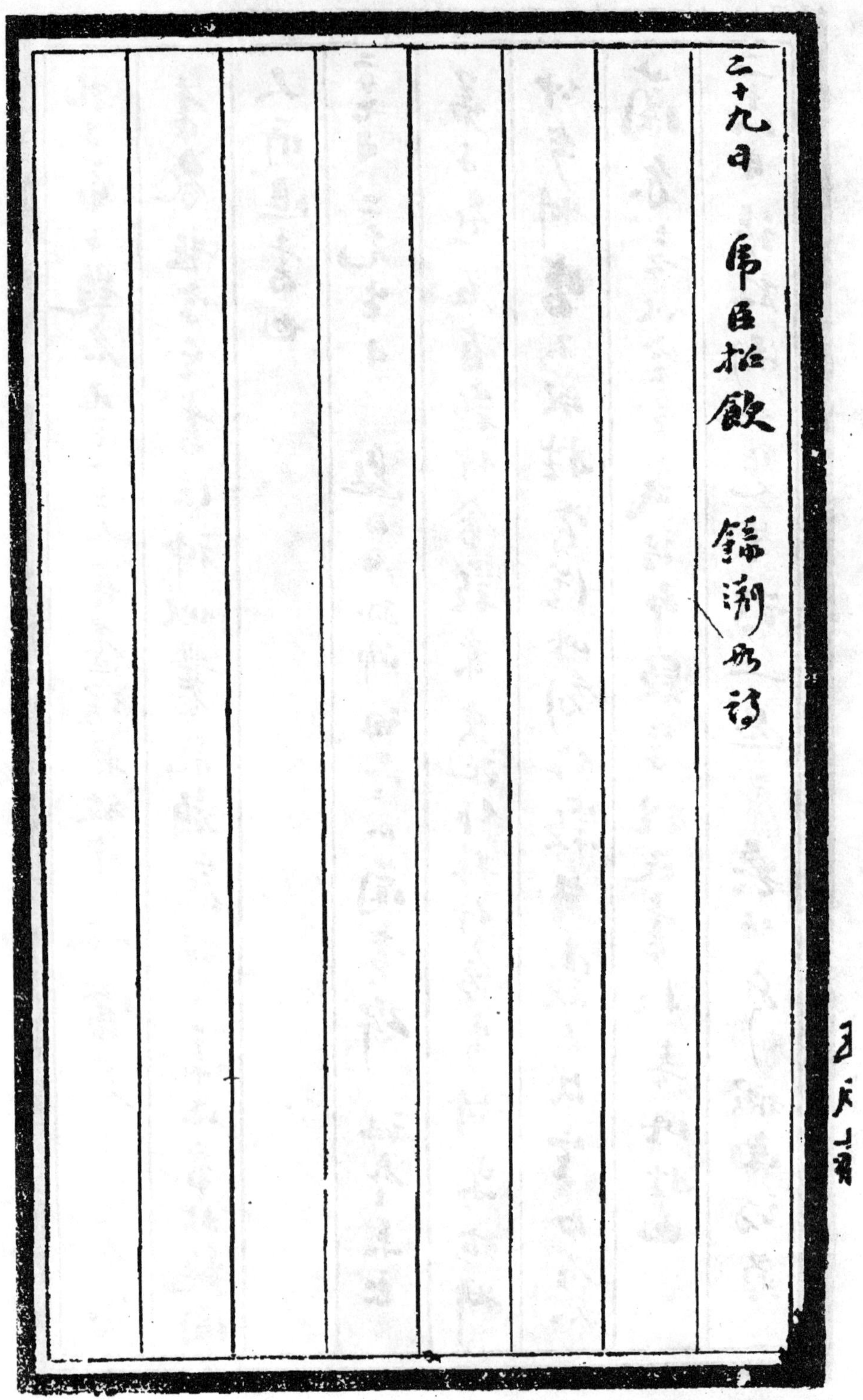
二十九日　弔臣柏欽　錦潮所詩

丙午閏四月旅京此一刻為古泉會題翻碑陰闡屢以年書

十月大建辛亥　初九日立冬　二十四日小雪

初一日丁亥　以朱彝尊孔子弟子考鄭環弟子列傳考參驗昨刻兩考皆引文翁圖與刻之不甚合也然審視言偃字子游下有通吳郡得成名者七字吳郡之稱始於順帝此刻為晉物無疑

初二日　為孔子弟子表以推考為經而以史記家語禮殿圖及石刻錄之有異同歷從檢校

初三日　款識即戠字說文有戠義與款通亦可讀鑿讀

戚繼光戚姓始出於此質之雨亭極以爲然

初四日　看江浙兩闈藝江南副榜唐乃鈞吾元和甪無平山

城一人偷經錄有姜張棟元漢通西域仍失論據闈北卷

擬題送以首二藝多習見語抑副不知第四藝勤讀衣

更甚也

初五日　偕五弟市菊數種其處係泰州來僅一日程視

揚州來者生氣爲稍完

初六日　三賢書院課題能近鄉袁崇煥傳勞論維師尚父時維

鷹揚義　業泰以表儀于縣之語鷹揚者無舊據示之以

小正傳證之以史記二月甲子戒天下所以仁天下而陰符全匱

補說遂掃而空之

初七日　為澤高光昭烈傳男略之所謀疑也

初八日　過白石

初九日　龔子湘所見李覺端州石壽記何為碑賈鑒甚求售

者其筆意雄厚逼近元魏

初十日　看曝書亭集　跋鴛鴦亭記剝出之傳稱鴛鴦匠

鳥毛以此文為興刺幽王之辭知是也而知白華亦刺幽作是文之

稱鴛鴦于飛以證此之作諸題兩應論與予同

十一日　看曝書亭集跋題

十二日　看曝書亭集傳記類其有記諸篇皆史類也

錢塘白　諸明府記以八百錢買之讀其文有華編

所聞此種朗明本舊時北眾寡刊冊其繙陋處多矣

吾蘇勿乘舊本等譯●鄭伯口公事林以為畢字此

揚雄之信筆紀此華編之作是也讀書又有萬頤碑

及閩碑為桂邑舊所有手拓之閩凡八行〻六字〻徑

五寸許翠墨深濃碑為初拓

十三日　上虞羅振玉序其兄振鋆碑別字云說文有壯虛

段[illegible]作壯證五本碑作牡不知古人書爿多作片[illegible]壯為壯

別字如謂字也老子經曰歸而嗟不嗟說文無嗄玉篇作

嗄嗄即嗄〻別字李論攀鼓擾嵩作擾即雲擾也又

有債碑圖記云大啟證家貧無藏碑乃典碑賣謀債

碑〻之一碑錢二十兩光緒癸未至乙酉遂得見石刻八百

錦通

十四日，羅振玉有補寰宇訪碑錄刊誤，刻在槐廬金石叢書中，頗精核。

看曝書亭集，傳記、碑銘類。其十二硯齋記云：中書舍人江都汪君季甪僦宅宣武門之右，窮巷蕭然，饘粥不繼，君久病臥，夢入廣庭，睹石硯十二枚，寤而作歌，吾友和之，君因名其齋，俾秀水朱彝尊作記之，曰：兩瑯五方之人推某師，免有所豐書一之云為推形論，夢寐寤而詢之吾友，告人者衆矣，故當其時以半筆之，牧吾夢，不亦戲乎？吾子是宜也，時作夢指時，錢夢櫟僅自諭，精不已，寫夢

平生無不可以告人而夢寐則有雜言者是未足言學也君子之學貴乎內得於己而不系玩乎物醉乎花樽前不見乎今夕無之不見乎不顯豈或於是與故身之密悉消息通於天地萬於事物其所好者在雞夢有雞遂覺覺者憶之故言之言之而長言之歌且和之和之至以足之蹈焉列禦寇曰西極有人不食不衣以夢中所為者為實十二覺之有齋齋之有記君子以為妄不可也

十五日天風雨甚寒

十六日雨霽夜夢綠槐書屋之南院火光燭天書屋為

之时上学要也　看魏书列传

十七日　过仲锌读地图论地中海形势　看魏书列传

以三千五百钱买旧书厨一具制宽广有容积远两厨此

而云千百器尚完完密矣

十八日雨　看魏书列传

十九日　诣斋过我述纸卷橈南园云有大礼议有朝鲜编修

园孤坐常馱馱是称长官是真名士过江一别无面面

二十日　读通志列传报诸多采旧史及通鉴精览　御批颇从检读

二十一日雨 看魏書列傳

二十二日晴 過蘅皋觀魏高貞碑隋精拓蘇孝慈墓銘唐王徵君口授銘皆神物

二十三日 看五種遺規

二十四日 為舊隋路史讀經義

二十五日 以二百錢買得唐使院石幢記

二十六日 雨至寓金撰回 杭州寄來通鑑輯覽一部凡四十八冊

讀太學石鼓文此本無顯著精采而神韻完善的是舊搨

中外第三鼓田車既好之既字我霈既簡之●霈字●●●●●（阮本據天一閣本摹作孔字）

●●賓遂庵摹編所闕而此照兼好，可寶矣。惜第一第二

第八三幅係古神鉢陰合，不知何年也。

二十七日 看數書列傳

二十八日 讀王阮亭書口授銘，其語體端雅，星南□之

皇朝政典類纂要日本人●雅可觀（邀秦亞雄、蔡揖吾、史稚生補飲）三兄自金陵回

二十九日 三兄與弟暨高陌生先生同過錢

三十日 大伯母自去冬舉發舊日瘋疾，邀醫治未全，月內又增[illegible]

利上證湯水不進延至今日申刻辭世享年六十有五

孝子錄正服圖曾伯叔父母小功又為人後者為本生親屬降

服圖於大功者於孫緦麻於婦小功圖註云本生親屬為上人後

者報皆如其服

十二月大建壬子　初九日大雪　二十四日冬至

初一日丁巳

初二日

初三日　子恂跋之孔子弟子作字刻石

初四日　禮記檀弓篇大功廢業或曰大功誦可也鄭注許其口習故也

據業舊讀巨業之業謂樂縣也喪服四制云大功之喪言而不議緦小

功之喪議而不及樂廢業之意云擬樂矣誦之詩口習其篇而不

手操其器鄭指業者謂善邑包此義在內孔疏以為身者外

書畢忽思此事可函知經甫

初五日大風　讀家譜本支始祖諱禎乾葬於懷寺前菊花山十二世祖諱惠字澤民號蘭軒明天順丁丑黎淳榜進士任紹興府知府卒葬粵河東雲山 十六世祖諱延齡字遐生號依山生於國朝康熙戊申殁於乾隆丙辰葬粵河祖塋 十七世祖諱世俊字文彥號秋潭生於康熙庚辰殁於乾隆丁亥葬粵河新塋 俱在東雲山横生村李家村 十八世祖諱鑾字翰坡號蕚華是為余高祖生雍正甲寅十月初四日殁嘉慶癸酉閏二月廿一日葬長山牧壽字橋新塋

又家譜卷六云吾氏原籍山西汾州，宋靖康之亂兄弟三人南遷

一居丹陽一居鎮江一居蘇州　居丹陽者諱福福一鎮江[illegible]

福龍以下是巴蘇州長閔　又丹陽太平橋支第十世祖諱業字旦

白正德甲戌進士經福建按察使　國朝乾隆七年崇祀鄉賢

初六日大雨入冬以來久無透雨得此甚喜

初七日雨霽　顯考生忌　北風甚寒水始冰

初八日　恆齋靈櫬歸葬　往送

初九日

三三八

初十日　子祥劉君元孫西直四錢石皆在安陽孔廟曲阜

徐生持一拓來惜劉君僅有碑側以來左六十兩三月十五

一行●真正碑供去

十一日

十二日●　爲六舟撰撓佑如碟云紉庵處偽造守備碑摹拓法碑閣屬業字隱君復詞任親

十三日風雨　蘇石之僕自杭州來

十四日　誦齋過我示我恆農專甎　風雨甚寒

十五日　安氏活水草堂●刻●●●●●●●書譜極精

墨樓揚州刻本邑民臣跋云嘉慶初為曾賓谷取去徐

生今持一本來鬻懇異完好因并在陽四石以兩貫錢以

〻文〻郃陽殘石一節存字四行〻三字著錄家謂此

石在郃陽康氏初存十三字今沒〻休字鐵落止十二字乾

隆元年出土共三石者一石有黃初五年〻字定為魏碑

十六日曉霜極嚴與窗內溫氣相激玻璃皆有花紋

讀書譜　沭臣為余買魯通甫集八冊曰通甫類藁曰通

甫詩存曰通甫四書文曰右軍年譜

十七日 看魏書第九冊 論語君子以文會友標穀梁會者外為

主外會友之者友為主命哉往會之也穀梁又云知者慮義

者行仁者守無此三者不可以出會君子之以文會友更張華知

慮義行仁守矣故下文云以友輔仁今之讀外會者豈知有

峯程行

十八日 看魏書第十冊 讀士相見禮 今年所得舊硯為

之作識 關勝碑有云類子元之超翼同孟堅之廣視孟堅

漢賈琮字子元柔詳 又有云入其境文化之古教鄙氏施之令

西羌字從大從戈字以羌隸文公載指衛文西羌句亦未詳

十九日 孫淵如輯集襄陵精舍

二十日 看魏書第一冊

二十一日 途見一古硯琚鄰周迴雕琢無匠直徑八寸 橫徑

一尺 寸餘今尺其色舊紫其形為半舒蓮葉葉面為

硯葉背即葉背也硯首為蓮蓬葉葉相叠蓬為穿

硯以之左右為兩蝦蟆若穿墨者然無題識以之名淵

之蓋避年硯也今年六月曾獲硯之夢以之質

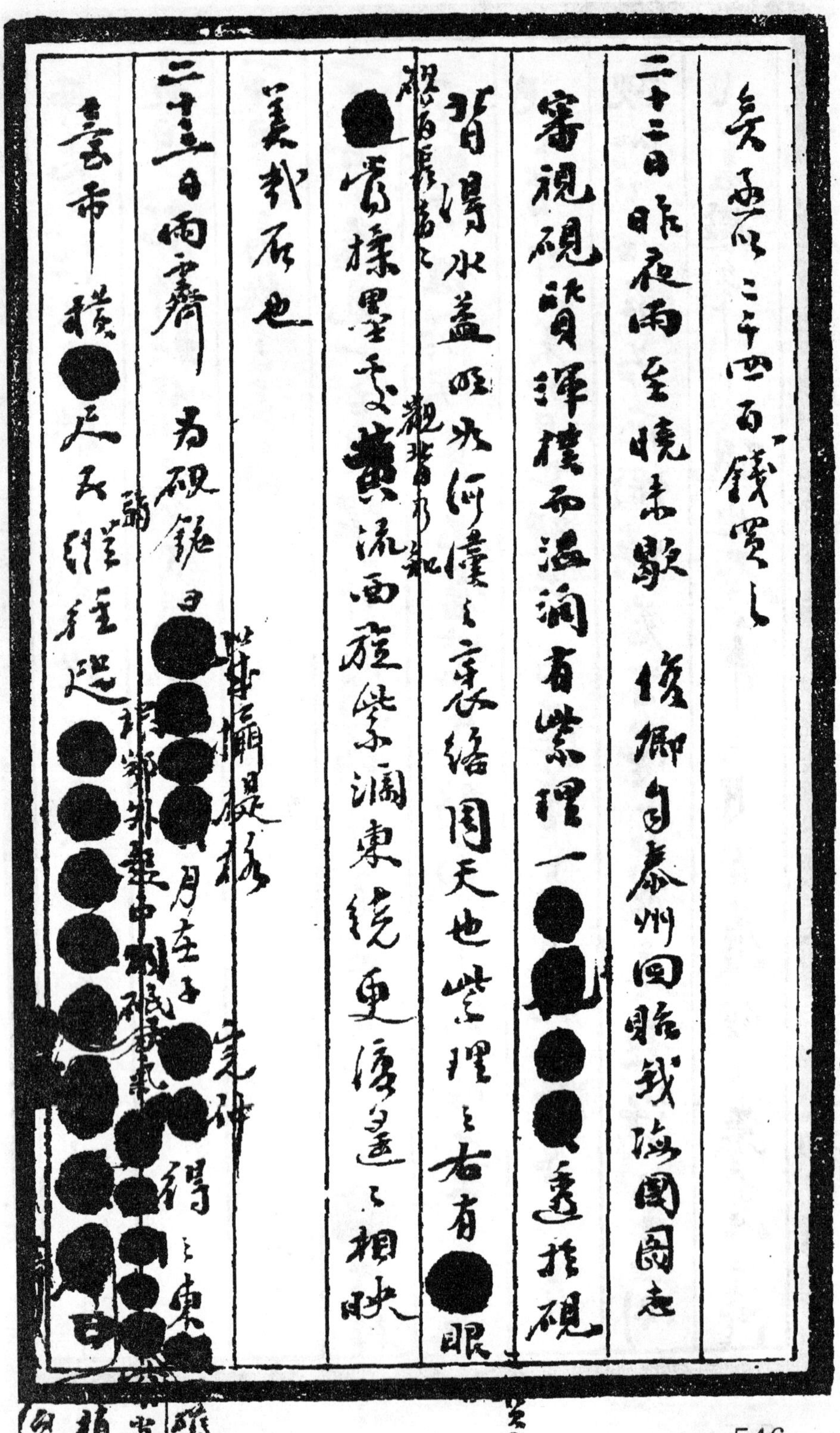

多要以二千四百錢買之

二十二日 昨夜雨至曉未歇 修卿自泰州回贈我海國圖志

審視硯背 澤樸而溫潤 有紫理一[illegible][illegible][illegible][illegible]透於硯

背 得水益旺 此何讓之襄絡周天也 紫理之右有[illegible]眼

[illegible]賞條墨黃流而旋 紫潤東繞更復遙之相映 觀者不知

美於石也

二十三日 雨霽 為硯銘曰 [illegible][illegible][illegible][illegible]月在手 [illegible][illegible]得之東

意市攜[illegible]來 又継經遲 [illegible][illegible][illegible][illegible][illegible][illegible][illegible]

二十四日　過訒齋讀竹垞硯銘黃氣直上者為黃之龍紫氣奔迴者為火捺試之以墨若熱金塗蠟者能識為美矣而遯年硯皆有之良所謂北巖上品也　鄧石如字頑伯以字完白令之猶愛崖以字者皆相目為頑困余之硯銘頑困之杜德機也推字完仲以自喜

二十五日　瑞安孫詒讓著周禮政要兩卷凡泰西所謂為新政皆原之本之確指為中國固有之物有心人也

二十六日　滴水成凍　孫師約爲消寒第一集

二十七日　季龍壽來閱墨　西石語良研來經巖試看宣光以沫濡涸澤之候雪玉竅完秘乃不變墨傷

二十八日　星南寵其硯以銘云　蓮田田淵淵天然鄉鄉近近石乎年年　十四字字爲韻可謂奇絶

二十九日　鄧齋贈我新錄明年正月初八日五壽

三十日　微雨

十二月大建癸丑　初六日小寒　廿二日大寒

初一日丁亥　微雨　寫予游殘石其筆意頗似禮器碑

過肆見高鳳翰左手書艸生元亮逕花映鄰之侯書

僻而神肖張稚龍　天氣殊暖似春時

初二日晴　兄予爲寬以濟猛猛以濟寬論蓋孫師命題也

予儀賸錢十五家年譜　四朝先賢年譜六家　錄子先哲年譜九家

初三日　沐浴　讀嵩高靈廟碑陰凡六列

初四日

初五日

初六日　过子湘话斋，示将白石仲穆子晌有葛丹园画箑八面

海盐游道

初七日　读凤洲道遗文

初八日　子湘示我五十自述诗，为之序

初九日　顾老白老同榜明年正月六十寿，假精舍为寿，两介

眉　仲穆过我，假汉书

初十日　读李忠定年谱

十一日 讀諸葛忠武年譜 子惕招飲即觀所藏諸[illegible]碑

十二日 讀王文成年譜

十三日 讀韓忠獻年譜 嚴寒三日河水已冰

十四日 讀李鄴侯陸宣公年譜 天氣稍和

孫夏峯先生年譜 [illegible]徐徵君諱[illegible]所[illegible]胡文敷[illegible]仁[illegible]仲以王

荊公譜為最詳 蔡上翔證者多也

十五日

十六日 君子為[illegible]指[illegible]處也所言之指[illegible]所為也 義[illegible]序說

臺通乃之長史
之一兄 ● 張揚行

十七日

十八日 借子惕假臺達碑讀之。此碑今在家，未見著錄。碑有歐

祥子臺達之父都知臺達，乃高昌人，厚姓氏，忘就以帝稱有邊通、臺通[達]

載弟臺通由承可知。碑稱臺達除千衛郡尉，三充治夜郎，擊據百

斯之事，可以補史。又謂昭帝末，禮功賜金，臺達乞身歸里，與

二疏實相輝映，千載下知有二疏，不知有臺達者，過也。又謂臺達治

正詩書，長擾鄉里，享秩八十有四，經師老壽，於此伏生中

出之上。碑爲東洋人所立，疏云齊國剎人，齊即東洋福國也

十九日　過子陶論碑

二十日　母親六十晉一壽辰今年得選年硯天益為吾親瑞

也

二十一日　仲穆過我孫師今年鄉試卷以篇幅短之為主司所屏仲穆則

以篇幅長屈文之是否為論篇幅者所能加之罪者亦知

與

二十二日　孫師兩亭禹言鄧桂舍小集

二十三日　禹言過我快談竟日

二十四日 讀陸放翁詩稿華云 志士山棲恨不深 人知已是負初心 不須先說嚴光輩 直自巢由錯到今 後人咏嚴光云 當時若著蓑衣去 烟水茫茫何處尋 豈其義已為陸所道矣 微雨

二十五日 天候靜燠 血若除去 晚食後發氣痛 舊疾閱二時許 始吐乃已

二十六日 吐後脾胃覺傷

二十七日 看唐僖宗昭宗通鑑 清口之戰 擬之赤壁堅類